スタートアップ
法務

アンダーソン・毛利・友常法律事務所 編著

Startup Law

中央経済社

はじめに

　近年，日本でも，若い方々を中心に，スタートアップ（ベンチャー企業）にチャレンジする例が増えてきました。学生の卒業後の進路として，起業が上位に位置付けられているというニュースも耳にします。

　ところが，先日，ある有望なスタートアップの創業者の方とお話しした際，今後の経営判断に必要な基本的問題について，法的な仕組みをきちんと理解なさっていなかったことにとても驚きました。専門家が微に入り細を穿って説明した資料は，勉強にはなりますが，全体像を見失わせるのかもしれません。また，変化の速い時代には，書物をじっくり読んで理解する余裕があまりなく，情報提供の仕方にも工夫が必要なのだろうと思います。

　本書は，スタートアップを志す方々に，法的なポイントを大づかみにしていただくことを目指しています。左ページは，ストーリーの中で問題になりそうな点を Scene ごとに切り取り，考え方の基本をお伝えしています。右ページは，情報量を落とさないよう，経験上，スタートアップにとって重要だと思われる付加的な内容を中心に説明しています。より詳細な内容は，専門家に個別にご相談いただく必要がありますが，時間のないときにもできるだけ全体像を見通せるように工夫しました。企業で新規事業をご担当の方にも参考になると思います。本書の新たな試みに，忌憚のないご意見をいただければと存じます。

　今回は，4人のスペシャリストの方々にお話を伺うことができ，貴重なご知見を賜りました。感謝申し上げます。また，中央経済社の阪井あゆみ氏・浜田匡氏には，前著に引き続き，行き届いたご配慮をいただきました。事務所のナレッジ・マネジメントを担当する門永真紀弁護士は，いつもながら獅子奮迅の活躍で，原稿を取りまとめてくれました。

　新型コロナウイルスの感染拡大で明るい話題が多くないところではありますが，次の世代に豊かさと平和を引き継ぐために，本書がいくばくかでもお役に立てれば幸いです。

2022年（令和4年）2月吉日

編集者を代表して　弁護士　清水　亘

■主な登場人物

安藤（あんどう）：大手町大学大学院情報理工学研究科コンピュータサイエンス専攻，博士課程中退。優柔不断で内気な性格だが，何かに夢中になった時の集中力は誰にも負けない。大学院では深層学習を研究していた。

毛利（もうり）：六本木大学工学部卒。新卒で入社した大手メーカーで産業用ロボットの設計開発に長く携わってきたが，会社の業績不振が続き，昨年，早期退職プログラムに応募して退職。自分の感情をめったに表に出さないが，内に秘めた信念は強い。

鞆津（ともつ）：元赤坂大学大学院理工学研究科数理科学専攻，博士課程修了（首席）。米系戦略コンサルティングファーム勤務。何事も即断即決の現実主義者。

■三人の出会い〜それぞれの視点から〜

●安藤の視点

僕の専門である機械学習のエンジニアは，昨今，業界では引っ張りだこだ。実際，米大手IT企業に勤める親しい先輩から，信じられないほど高額の条件提示を受け，うちに来ないかと誘われた。英語は得意ではないけれど，若いうちから権限と責任を与えられる仕事は魅力的に思えた。ただ，自分の中では，大きな組織の中で既に普及した製品の改良に取り組むよりも，まったく新しいものをゼロから生み出すことに情熱を傾けたいという気持ちの方が強かった。

毛利との出会いは，幸運としか言いようがない。深夜のバーで毛利と偶然に出会って意気投合し，あっという間に親しくなった。よくよく聞いてみると，毛利は，日本を代表するメーカーで，工場の生産ラインで稼働するロボットの設計開発を長年担当してきたプロだということだった。この人と一緒なら，何か新しいことができるかもしれないと心が躍った。僕は昔から空想が好きで，幼い頃は未来の世界を描くSFのマンガやアニメに夢中になった。いつか自分も，ヒトに寄り添うロボットを開発したい，という思いをずっと忘れられずに，大人になった。

出会いから3カ月ほど経ったとき，僕は，切り出した。「毛利さん，一緒に起業しませんか。理想のロボットを作りましょう。」

●毛利の視点

新卒で入社して30年近く勤めた会社を退職した理由は，今となっては俺にもよくわからない。以前の勤務先は国内有数のメーカーだったが，業績の悪化に歯止めがかからず，2年前，外資企業から出資を受けることになった。対外的には戦略的な提携と打ち出していたが，実質は，会社のメインバンクが主導した救済案件だった。その後，あらゆる部署で大幅な人員削減が行われ，俺の部署も例外ではなかった。

これからどうしようかと悩んでいる矢先に，安藤と出会った。機械学習は俺の専門ではないが，安藤がロボットの頭脳となるAIについて天才的な発想を持っていることだけは理解できた。この男は，単なる若造ではないと思った。

俺と安藤は，ロボット談義のために度々会うようになったが，安藤から起業の話を持ちかけられたときは，この男正気か，と一瞬めまいがした。俺たちには，何もなかったからだ。「開発資金は？」「人の採用は？」「失敗したら家族の生活はどうなる？」「そもそも俺たちにできるのか？」どう考えても，やるべきではない理由は無数にあった。

けれど，やってみようと思った。残りの人生を，自分の理想を追うことに捧げることを思うと，不思議と迷いは消えた。感情や思いを自然に人と共有できるようなロボットが作れたら，どんなに素晴らしいだろうか。ただ，自分たち2人だけでは，ややナイーブすぎるというか，もっと世間慣れした誰かの助けが必要だと思った。

「毛利さん，実は，ぴったりの人がいます。ぜひ，その人にも僕らの仲間になってもらいたいと思っています。」

●鞆津の視点

安藤のことは，大学時代から知っている。プログラミングを趣味にしていて，内気な感じの男の子だった。彼が大学院に進むにあたり相談を受けた際，大手町大学のX教授の研究室を紹介したことがある。安藤はなかなか優秀だと思うけれど，いかんせん優柔不断だ。そんな安藤から，起業の誘いを受けたときは，驚いた。どこから探してきたのか，毛利という名前のロボティクスの専門家との共同起業だとい

う。安藤にこんな行動力があったなんて，と感心した。

　私は，AIを用いた顧客購買行動分析の会社を起業した経験がある。経営に長くコミットするつもりはなかったので，ある程度事業が軌道に乗ったところで，すぐに事業会社に売却してしまったが，起業の大変さは一通り経験したつもりだ。起業には圧倒的な熱量が必要だ。経営者として，会社を存続させ，成長させていく努力は，並大抵のものでは足りない。そもそも，安藤と毛利の構想にはほとんど実現可能性がないように思い，最初は誘いを断った。

　でも，安藤と毛利はあきらめなかった。彼らから浮世離れした構想や計画を説明されるたびに，ダメ出しをした。私からのダメ出しを受けると，彼らは修正し，また持ってくる。その繰り返しが続いた。その過程で，彼らが私に期待するものが理解できた気がした。夢を追う人のそばには，リアリストが必要なのだ。

　結果的に，私は，共同創業者として，安藤と毛利の取組みに加わることを決意した。不安は尽きないが，人生は，なるようにしかならない。日々の暮らしに寄り添って，感情を共有できるロボット。リアリストが夢を追うのもよいだろう。

CONTENTS

第2章　　資金調達と成長

| スペシャリスト・
インタビュー2 | 藤田　豪（株式会社MTG Ventures　代表取締役） | *91* |

第3章　　事業の展開と成熟

Scene 8　まだ見ぬ新ビジネスに果敢に挑む ···································· *99*

Scene 9　共同創業者が離脱を考える ··································· *107*

Scene 10　大企業との協業を検討する ······························· *115*

Scene 14 上場を検討する 169

Scene 15 上場に向けての準備を進める 177

巻末資料

凡　例

最	最高裁判所
高	高等裁判所
地	地方裁判所
判	判決
民集	最高裁判所民事判例集
裁時	裁判所時報
判時	判例時報
判タ	判例タイムズ
労判	労働判例

第 1 章

会社の設立

Scene 1 会社を設立する

　ひとたび3人が創業に向かって走り出すと，物事はすさまじい勢いで進んだ。会社設立の具体的な話に至ると，鞆津のコンサルティングファームでの経験が大いに生き，経営や法律の知識に乏しい安藤と毛利を鞆津がリードする形となった。

　設立の形態は，鞆津がかつて懇意にしていた小倉弁護士に相談して**株式会社**を選択することとし，**創業者**である3名が設立時取締役に就任することにした。「私たちの会社は，今日という日と地続きの明日ではなく，明後日の未来を切り拓く」という思いを込め，会社名「Asatteno Miraino Technologies 株式会社」（略称：AMT）が決まった。これと同時に，鞆津は，3人の鉄の結束を図るために，**創業者株主間契約の締結**を提案した。万一，3人のうちの誰かがAMTを離れることがあっても，残る2人が株式を引き取ることを約束する内容の契約である。

　こうして，202X年4月1日，晴れて3人の会社が設立された。創業者株主間契約も締結した。物語の幕開けである。

Point

- 日本では，発起設立の方法で，株式会社を設立してスタートアップを起業する方法が一般的です。
- 多くの場合，スタートアップの株式には，譲渡制限が付されています。
- 魅力的なノウハウや技術などを保有していれば，自己資金が不足していても，現物出資の方法によって起業に参加できる余地があります。
- 複数の創業者で起業する場合には，創業者株主間契約を締結し，万一の場合に備えて，株式の取扱いなどを定めます。

図表1-1　会社形態の選択：株式会社と合同会社の比較

	株式会社	合同会社
出資者の呼称	株主	社員
出資者の責任	有限責任（出資の額まで）	有限責任（出資の額まで）
出資者の地位	株式	社員持分
出資の形態	多様 （新株予約権，優先株式等）	持分のみ
資本金の額	払込みまたは給付を受けた財産の額の2分の1以上を資本金として計上する必要あり	定款に別段の定めがある場合を除き，業務執行社員の過半数で計上する資本金の額を決定
現物出資をする際の検査役による調査	原則必要	不要
増資時の資本金の額の増加	必要（払込みまたは給付を受けた財産の額の2分の1以上）	定款の定めがある場合を除き，業務執行社員の過半数で決定
株主，社員死亡時の株式，持分の取扱い	相続人に承継	定款で別段の定めを置かない限り退社
株式，持分譲渡時の定款変更	不要	必要
決算公告	必要	不要

図表1-2　株式会社の機関設計：取締役会を設置するか否か

取締役会非設置会社	取締役会設置会社
株主総会	**株主総会**
・会社における重要事項を決議	・会社法に規定された事項および定款で定めた事項のみ決議
取締役	**取締役会**
・日常的な業務を決定	・その他の重要事項を決議 (下表参照) ＝「所有と経営の分離」の徹底

取締役会決議事項 **取締役会設置会社**について 株主総会の権限から 除外されている主な事項	譲渡制限株式の譲渡等の承認
	譲渡制限株式の指定買取人による買取りの決定
	譲渡制限新株予約権の譲渡等の承認
	取得条項付新株予約権の一部を取得するときの取得対象の決定
	株式の分割に関する事項
	競業取引，利益相反取引の承認

➤ 実務上は，会社形態の選択や機関設計の段階で，創業者株主間契約の議論を開始 (図表1-6参照)

Ⅰ．会社形態の選択

　スタートアップを始めるにあたってまず検討するのは，設立する会社の形態です。米国では，税制上のメリット（パススルー課税）のあるパートナーシップ（組合）形態から始めるスタートアップもみられますが，日本では，株式会社または合同会社のいずれかの設立を選択することが通例です。

　株式会社は，新株予約権や優先株式などの多様な形態の出資を受け入れることができ，将来の上場にも容易に対応できるので，出資形態が複雑化した近時のスタートアップにも採用しやすい形態といえます。会社法のもとでは，株式会社においても，会社の規模に応じた多様な機関設計が可能です（**図表１－２**参照）。なお，株式の発行にあたって，払込みまたは給付を受けた財産の額の２分の１以下については，資本金として計上しないこともできます。

　他方で，合同会社は，取締役や監査役などの役員が不要で経営における手続的負担が少なく，定款の内容も自由に設計できるなど，柔軟性の高い会社形態です。また，合同会社では，計上する資本金の額は，定款に別段の定めがある場合を除き，業務執行社員の過半数により決定できるので（会社法590条２項，591条１項），増資の際に資本金の額を増やす必要がなく，登録免許税の点でメリットもあります。また，毎年の決算公告が不要であるなど，開示の負担も株式会社より小さいです。したがって，創業後間もない時期に自由な経営を行いたい場合には，将来的な株式会社への組織変更を見据えつつ，合同会社を選択することもあり得るでしょう。

Ⅱ．資本金の額等の設定

　株式会社を選択した場合，資本金の額や設立時発行株式の数に関する法的な制約はなく，設立にあたっては，基本的に，自由にその金額，数を設定することができます（極端な例では，１株のみ，資本金額１円での設立も可能です）。当初から多額の資金需要がある場合には，当該需要を満たす水準の払込みを設立時に得ておくことが必要です。

図表1-3 株式会社の設立手続

■ 株式会社の設立は，法令に則って手順を進めれば足り，**当局の許認可などは不要（準則主義）**

株式会社の設立の方法

発起設立	募集設立
設立時に発行する株式の	設立時に発行する株式の
全てを 発起人が引き受ける方式	一部につき 株主を募集する方式

> ➤ 起業の時点で第三者から出資を募ることは現実的には難しいため，
> 発起設立による場合がほとんど

■ 設立関係書類

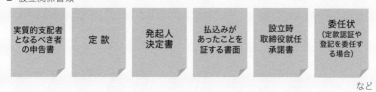

| 実質的支配者となるべき者の申告書 | 定款 | 発起人決定書 | 払込みがあったことを証する書面 | 設立時取締役就任承諾書 | 委任状（定款認証や登記を委任する場合） |

など

図表1-4 株式会社の設立（発起設立）スケジュール

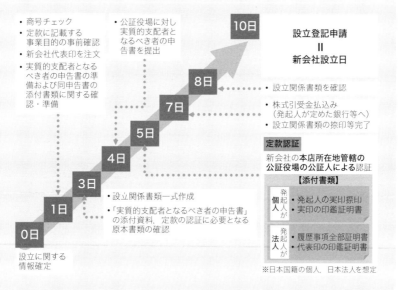

- 商号チェック
- 定款に記載する事業目的の事前確認
- 新会社代表印を注文
- 実質的支配者となるべき者の申告書の準備および同申告書の添付書類に関する確認・準備

- 公証役場に対し実質的支配者となるべき者の申告書を提出

10日 設立登記申請 ＝ 新会社設立日

8日 ・設立関係書類を確認

7日
・株式引受金払込み（発起人が定めた銀行等へ）
・設立関係書類の捺印等完了

5日

4日

3日
・設立関係書類一式作成
・「実質的支配者となるべき者の申告書」の添付資料，定款の認証に必要となる原本書類の確認

1日

0日 設立に関する情報確定

定款認証
新会社の**本店所在地管轄の公証役場の公証人による**認証

【添付書類】

発起人が個人	・発起人の実印捺印 ・実印の印鑑証明書
発起人が法人	・履歴事項全部証明書 ・代表印の印鑑証明書

※日本国籍の個人，日本法人を想定

III. 会社設立手続

　株式会社の設立には，会社法上，発起設立と募集設立とありますが，スタートアップの場合，広く株主を募集する募集設立の方法によることは難しいので，発起設立によることがほとんどです。

IV. 発起設立の場合の設立スケジュール

　発起設立の場合，創業者である発起人が会社の商号などの基本的な事項を決定し，その後，定款の作成・認証，当初出資金（株式引受金）の払込み，登記申請という流れで手続が進みます。要件が整えば，オンライン申請も可能であり，登記申請希望日に登記申請の受付となります。また，定款を電子データで作成することによって（電子定款），貼付する収入印紙代を節約できます。

　準備開始から最短で1週間程度あれば登記申請まで完了できますが，通常は，2週間程度の余裕をもって手続を進めることが推奨されます（図表1－4参照）。登記が完了すると，登記申請日に会社が設立されたものとみなされます。

　登記申請後，登記が完了するまでには1週間程度はみておくことが無難です。2018年3月以降，「会社の設立登記のファストトラック化」が開始され，法務局において，株式会社および合同会社の設立登記を他の登記申請よりも優先的に処理する（原則3営業日以内に登記完了）運用になりました。登記申請件数の多い時期等を除き，多くの場合，申請から速やかに登記が完了します。もっとも，登記申請件数が多い時期（たとえば，年度末）にはこの限りではなく，2020年には，新型コロナウイルス感染症の蔓延に伴う政府の緊急事態宣言発令の影響で，登記完了までに1カ月程度を要する時期もありました。実務上，銀行口座の開設などのように，登記の完了を証する履歴事項全部証明書の写しを提出しない限り進まない手続もあるため，登記完了に要する時間については，必要に応じて管轄法務局などに事前に相談しておくなどして，あらかじめタイムラインを把握しておくとよいでしょう。

　なお，実務上は，会社設立の直後に取締役の報酬を決定することが通常です。設立当初は取締役会非設置が通常ですので，株主総会で全取締役の報酬総額を決定し，委任を受けた代表取締役が個別報酬額を決定する方法が一般的です。

図表1-5　出資の方法：金銭出資と現物出資

	金銭出資	現物出資
定義	現金を直接払い込む方法	**金銭以外の資産**を会社に対して出資する方法
メリット	右記①②③のような**手続的負担なく，会社の資金需要を満たす**ことができる	自己資金がない場合にも出資を行うことが可能
デメリット	**創業者（発起人）が払込みのための手元資金を用意**しなければならない	出資財産の価値（価額）が不当に高く評価されると，**金銭による出資者や会社債権者を害するおそれ**があるので，以下の制約あり ① 現物出資者の氏名，名称，出資財産，価額，付与する株式の種類および数を定款で規定 ② 出資財産の価額として定款に記載された額の適否を，原則として検査役（裁判所が選任）が調査 ③ 一般に，現物出資の目的財産は，貸借対照表に資産として計上可能なもの

➢ 手続的負担や資金需要の観点から，金銭出資を選択するケースが大多数

図表1-6　創業者株主間契約の主な規定と検討事項

> **創業者株主間契約とは**
> 創業者間で会社の経営や退任・退職時の株式に関する処理を定める合意書面

創業者株主間契約の主な規定

取締役の辞任禁止	株式の譲渡 譲渡価額	相続（創業者が個人）
・創業者には**会社に継続的に貢献することが期待**されるので，取締役の辞任禁止を規定 ・会社法上，辞任は無理由でいつでも可能 ただし，会社の不利益になる時期に辞任したときは，やむをえない事由がある場合を除き，会社に生じた損害を賠償する義務あり	・退任・退職する共同創業者から他の共同創業者等が株式を買い取ることができる旨を規定（リバースベスティング条項につき図表1-7，1-8参照） ・**買取範囲（対象株式）・譲渡価額が最も重要**（特に当初より企業価値が上がっている場合の譲渡価額がポイント）	・共同創業者の相続人に対し，他の共同創業者が株式の譲渡を請求できる権利を規定

その他

・秘密保持条項
・競業避止義務条項 ほか

Ⅴ．スウェット・エクイティ

　株式会社を設立する際には，発起人である創業者による当初の資本金および資本準備金の合計額の出資が必要です。当該出資は，金銭出資のみならず，現物出資によることも可能ですが，手続的な負担や資金需要等の観点から，金銭出資が選択されることが一般的です。

　一方，現物出資の方法も，手元に多額の自己資金は有しないものの，価値の高いノウハウや技術などを持っている創業者には魅力的な方法です。実際にシリコンバレーなどにおいては，ノウハウ等の無形の財産による出資は「スウェット・エクイティ」などと呼ばれ，一般的です。もっとも，現状の日本においては，実務上の制約として，無形の財産は貸借対照表における評価が困難であるため，現物出資の目的物とすることが難しいと考えられています[1]。

　実質的に「スウェット・エクイティ」の考え方を日本で実現する方法としては，たとえば，創業者が設立時に低い払込金額で普通株式を取得し，その後に会社が成長するにつれ普通株式の価値も上昇していくという想定のもと，投資家が引き受ける株式は転換条項付優先株式[2]としつつ，１株あたりの払込金額を創業者が引き受けた普通株式の払込金額よりも高額に設定する，などの方法があります。この場合，両者の払込金額の差異が，創業者が将来にわたって提供する人的資本の現在価値に相当すると考えることができます[3]。

Ⅵ．創業者株主間契約

　創業者が複数いる場合には，経営方針などをめぐって将来的に争いが生じるのを防ぐ目的で，創業者間で会社の経営や将来のエグジットに関する処理を定める創業者株主間契約が会社設立と同時に締結されることがあります。

　特に，創業者が役員を退任するかまたは従業員を退職する際の株式譲渡に関する規定は重要で，譲渡価額の決め方も多様です。退任・退職までの間に株式の価値が飛躍的に増大している場合には，それを全て退任・退職する創業者に享受させると，実質的にその者によるエグジットを認めたのと同等の結果になります。これは買い取る側に負担が大きい[4]ので，１株あたりの譲渡価額を，株式取得時の１株あたりの払込金額と同額とするのが実務上一般的です。

図表1-7 リバースベスティング条項

リバースベスティング条項とは

創業者が役員または従業員の地位を失った場合（退任創業者），他の創業者（または他の創業者が指定する第三者）が退任創業者から**株式を買い取ることができる**が，**期間の経過によって，買取りの対象株式が徐々に減少する**，と定める条項(注)

（注）派生形として，買取対象株式を減少させず，退任創業者に有利な買取価格を設定するものもあり

規定のコンセプト例	• 会社の共同創業者は，退任した共同創業者の保有する普通株式の全てを取得価額で買い戻す権利をもつが，1年経過するごとにこの権利は1/4ずつ消滅し，発行から4年を経過すると当該買戻権は全て消滅する（4 Years Vesting）
メリット	• 共同創業者が**少しでも長く会社に貢献するインセンティブ**を付与 • 会社としても，将来の方向性に異議を差し挟む株主を減らすことが可能（**リスクヘッジ**）
デメリット	• 一定の期間経過後に会社を去った退任創業者については，一部の株式の保有を認めることになるので，**将来会社の方向性に異議を差し挟む株主となるリスク**あり

図表1-8 リバースベスティング条項（続）

■ リバースベスティング条項を前提とした保有株式の価値の増大

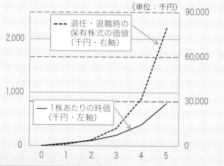

（単位：千円）

<前提>
① 1株1000円で100株を取得した創業者が取締役を退任
② 創業者株主間契約の規定には，以下の規定がある
・毎年均等に20%ずつベスティング
・ベスティングしていない株式は当初払込金額で買い取る

退任・退職時までの経過年数（年）	0	1	2	3	4	5
1株あたりの時価（円）	1,000	50,000	100,000	200,000	400,000	800,000
取得時払込金額での買取株式数（株）	100	80	60	40	20	0
ベスティングした株式数（株）	0	20	40	60	80	100
退任・退職時の保有株式の価値（円）	100,000	1,080,000	4,060,000	12,040,000	32,020,000	80,000,000

（注）ベスティングした株式については時価相当額で計算し，ベスティングしていない株式については，買取金額である取得時払込金額で計算している

VII. リバースベスティング条項

　創業者であっても，経営方針の違いなどから会社を去ることがあります。そこで，創業者株主間契約には，役員を退任または従業員を退職する創業者から他の創業者への株式の譲渡に関する定め[5]が置かれるのが通常です。

　しかし，長年，会社に勤めて株式価値の増大に多大な貢献をしたにもかかわらず，退任・退職した後には株式を全て取り上げられ，株式の価値が増加した分の利益を全く享受できないのは，退任・退職した創業者にとって酷です。そこで，在任・在籍期間に応じて，一定の割合の株式については売渡請求の対象外とし，退任・退職した後でも株式を保持することができるとする条項（リバースベスティング条項）が置かれることがあります。また，その派生型として，買取りの対象株式は減少させない一方で，株式買取りの際には，保有期間に応じて，一定割合の株式については，退任・退職した創業者に有利な買取価格を設定する旨の定めを置くことも増えています。

　一般的には，在任・在籍期間が長ければ長いほど，株式価値の増大に寄与したといえますから，在任・在籍期間が長いほど，売渡請求対象外となる株式の数を多くするアレンジをします。理論上は，買取価格の差を設けて，ベスティング（退任・退職した創業者の権利が確定）した一定割合の株式は時価での買取りを認め，ベスティングしていない株式は当初払込金額で買い取る，という設計も考えられますが，買取価格の差異を設けることの税務上の問題もあり，実務上，このような設計はあまり多くないようです。

VIII. リバースベスティング条項のシミュレーション

　図表1−8のグラフは，リバースベスティング条項を実際に導入した場合のシミュレーションです。具体的には，毎年均等に20％ずつベスティングするものとし，ベスティングしていない株式について当初払込金額での買取りが行われるものとした場合における，創業時に1株1000円で100株を取得した創業者の退任・退職時における保有株式の価値を示しています[6]。

■注

1　江頭憲治郎編『会社法コンメンタール１―総則・設立（１）』（商事法務，2008年）308-309頁

2　一定の割合で普通株式への転換が可能な優先株式のことをいいます。

3　宍戸善一・ベンチャー・ロー・フォーラム（VLF）編『ベンチャー企業の法務・財務戦略』（商事法務，2010年）341頁

4　会社自身が株式を買い取ると定めることも不可能ではありませんが，いわゆる自己株式は分配可能額を超えて取得できないという財源規制（会社法461条）があるため，買取りに限界があります。

5　なお，社長（経営トップ）は会社に残ることを期待されるのが一般的であることから，創業者である社長が保有する株式については買取りの対象としないことも多いです。

6　持株比率の非常に大きな創業者との間でリバースベスティング条項を約した場合には，当該創業者が退任・退職する場合であっても，在任期間が長いことを理由に，引き続き大きな割合で株式を保有され続けてしまうという問題があります。そこで，リバースベスティング条項を置く場合には，会社の資本政策をふまえつつ，規定の可否や内容を慎重に検討すべきといえます。

Scene 2　人材を確保する

　AMTは，まず，AIの設計・開発体制を整える必要があった。安藤は，大学院時代の後輩で，学生時代からプログラミング技術の高さが知られていた我妻に目を付けた。我妻は，有名なソフトウェア企業で働いていたが，安藤が声をかけると，あっさり**正社員**として入社することを快諾してくれた。「だって面白そうじゃないですか。安藤先輩と一緒に働けるなんて最高です。AMTは**副業が自由**ということなので，自分らしい働き方ができると思って」と我妻は言った。鞆津は，我妻と**雇用契約**を締結し，数人の学生を**アルバイト**として雇い入れた。また，毛利の元職場の同僚であったフリーランスの米国人エンジニア（米国在住）には，開発**業務の一部を委託**するという形で協力を依頼した。

　働く仲間が増えていくにつれて，3人は，人材確保の大切さと創業の思いを社内で共有することの重要性を実感するのであった。

Point

- 従業員の雇入れ，雇用中，雇用終了（解雇・雇止めなど）の各場面において，労働関連法規を遵守しなければなりません。
- 外国人技術者の雇用には，在留資格の確認などの特別な対応が必要です。
- 従業員の職務発明に関する権利を会社が取得するためには，相当の利益を支払う旨を就業規則や職務発明規程などで事前に定めておく必要があります。
- スタートアップにおいては，時間外・休日・深夜労働の割増賃金の支払や労働時間の管理が徹底されていないケースも少なくありませんが，これらは後に従業員との紛争につながる可能性があるので，注意が必要です。
- 請負や業務委託などの契約を締結する場合であっても，その実態によっては，実質的に労働契約であると判断される可能性があります。

図表2-1 人材確保のための労務関係

主な労務関係

雇用		業務委託	労働者派遣
無期雇用	**有期雇用**	受託者の裁量の余地大	労働者派遣法の規律あり
正社員 など	契約社員, 嘱託社員, アルバイト, パートタイマー など	フリーランス, ギグワーカー など	派遣労働者 など

雇用契約の形式

① 口頭による合意でも可（ただし, 労働条件通知書は必須）
② 書面による雇用契約書の作成 ← 記録を残す観点ではこちらが望ましい

労働条件明示義務

- 使用者は, 労働者に対して, **労働条件を明示する義務**
- 特に重要な労働条件（賃金, 労働時間など）は, **書面（FAX・電子メールを含む）で明示**する必要あり

＜書面による明示の具体的方法＞
① 雇用契約書とは別に, 労働条件を記載した**労働条件通知書**を作成, 交付する方法
② 明示が必要な事項を全て雇用契約書に記載する方法（雇用契約書兼労働条件通知書）

図表2-2 外国籍エンジニアの採用

就労資格の確認

✓ **外国籍エンジニア（外国人技術者）**を日本国内で雇い入れる場合, **就労資格の有無を要確認**
✓ **在留カードの原本提示**を受けて内容を確認することが重要
- 実務上は, 就労資格証明書も併せて提示を受けることが望ましい
- ただし, 就労資格証明書を提示しないことを理由とする採用拒否ができない（「不利益取扱いの禁止」）場合あり
✓ 一定の要件を満たす場合**「高度専門職」**という在留資格が付与される可能性あり

	高度専門職1号	高度専門職2号
	学術研究活動, 経営・管理活動など	① ポイント計算表での合計点 ② 3年以上在留して1号の活動など
複合的な在留活動	在留資格と関連する活動は可能	ほぼ全ての就労資格の活動が可能
在留期間	5年	無期限
永住許可要件の緩和	あり	
配偶者の就労	あり	
親の帯同	あり	
家事使用人の帯同	あり	
入国、在留手続の優先処理	あり	

Ⅰ．雇用契約の締結

　最近では，「働き方改革」によって大企業も副業を認める方向であるほか，デュアルワークやギグワーカーなどの多様な働き方が普及してきました[1]。そこで，スタートアップの人材確保にあたっては，①従業員として雇用契約を締結するのではなく，②業務委託契約を締結して仕事を依頼することも増えています。③派遣会社と契約を締結して，労働者派遣を受けることもあります。

　①雇用契約は口頭による合意だけでも成立しますが，雇用契約書を作成するほうが望ましいといえます。実務上は，「雇用契約書兼労働条件通知書」を交付するケースも多くみられます。なお，従業員との間で雇用契約を締結した場合，無期雇用であるか有期雇用であるかを問わず，会社は，社会保険や労働保険などに加入する義務を負います。労働時間が短い従業員等に関する適用除外もあるので，社会保険労務士などの専門家に相談することがお勧めです。

　スタートアップでは，現金での賃金の支払に加えて，インセンティブを兼ねたストック・オプション（Scene 4 参照）などの株式報酬の利用も一般的です。

Ⅱ．外国籍エンジニアの採用

　スタートアップでは，外国籍エンジニア（外国人技術者）を活用することも少なくありません。外国籍エンジニアを活用する場合，外国に居住したまま業務を行うのが一般的ですが，日本で採用する（雇い入れる）こともあり得ます。

　外国人技術者を日本で雇い入れる場合には，まず，就労資格の有無を確認する必要があります[2,3]。日本では，永住者等の在留資格を有する場合を除き[4]，外国人は，在留資格に定められた範囲でのみ就労を行うことが認められます。また，一定の在留資格[5]では，資格外活動の許可を受けた場合にのみ，当該許可の範囲内で就労を行うことが認められます。なお，一定の要件を満たす場合であって，「高度学術研究活動」，「高度専門・技術活動」または「高度経営・管理活動」を行うときには，「高度専門職[6]」という在留資格が付与される可能性があります。

　コロナ禍によるテレワーク（在宅勤務）の普及によって，今後は，海外にいながら日本企業と雇用契約を締結する例も増えることが予想されますので，労務管理などについては，新たなルールや対応が必要になると思われます。

図表2-3　就業規則の制定と変更

就業規則	・ 1つの事業場において，常時10名以上の従業員を雇用する会社は就業規則の整備が必要 ・ 就業規則は，無期雇用/有期雇用を問わず適用あり

就業規則制定のステップ

就業規則の作成 → 従業員代表者※からの意見聴取 → 労働基準監督署への届出 → 従業員への周知

※労働者の過半数で組織する労働組合がある場合，その組合

労働条件を従業員に不利な内容に変更する就業規則の変更

原則	各従業員からの同意取得が必要
例外	下記①＋②の要件を満たす場合，会社が一方的に変更可能 ① 変更後の就業規則を従業員に周知 ② 不利益の程度，変更の必要性，内容の相当性，労働組合との交渉の状況などの事情に照らして合理的な変更と認められること

図表2-4　職務発明規程

職務発明とは
　　会社の従業員・役員が，①性質上，会社の業務範囲に属し，かつ，②その社における自らの現在または過去の職務に属する行為でなした発明

	会社	発明者
特許を受ける権利の帰属	規則等にあらかじめ定めることによって，発生時点から会社に帰属（原始的帰属）	規則がなければ，発明者に帰属
留意点	発明者に「相当の利益」(金銭等)を受ける権利 ➤ 法令上，「相当の利益」の具体的な算定根拠はない ➤ 使用者の利益，使用者の負担・貢献，従業者の処遇等を総合的に考慮	使用者に発明を受ける権利を取得・承継させた場合等のみ，発明者に「相当の利益」(金銭等)を受ける権利 ➤ 規則がなくても，会社は特許権を無償で利用可能

✓ 職務発明については，多くの裁判例（例：青色発光ダイオード事件）があり，慎重な対応が必要

Ⅲ. 就業規則の制定と変更

　就業規則は従業員の労働条件の最低基準を定める効力があります（労働契約法12条）。たとえば，雇用契約で従業員に秘密保持義務を課したとしても，就業規則に定めがなければ，当該義務は就業規則の定める基準に達しない労働条件として無効と解されるおそれがあります。したがって，雇用契約と就業規則の記載は，平仄を合わせるほうが望ましいといえます。

　なお，ひとたび制定した就業規則を従業員の不利益に変更する場合には，原則として，個々の従業員から同意を得る必要があります。十分な合理性が認められるような場合には会社が一方的に変更することも不可能ではありません（同法10条）が，実務上は，後の紛争リスクを避けるため，事前に従業員との間で十分に協議を行い，可能な限り合意を得ておくことが望ましいです。

Ⅳ. 職務発明規程

　特にテクノロジー系スタートアップにおいては，従業員や役員が業務の過程で新技術などの発明（職務発明）を行った場合の取扱いを定めておく必要があります。近時，多くの会社では，就業規則の一環として職務発明規程を整備し，職務発明について特許を受ける権利を会社に帰属させています（特許法35条3項[7]）。この場合，発明者である従業員や役員には「相当の利益」を受ける権利があります（同条4項）。「相当の利益」の額が低い場合には，青色発光ダイオード事件のような紛争を招くおそれがあるので，注意が必要です。なお，大学発ベンチャーをはじめとして，創業者の知的財産に依存するスタートアップも多いので，その取扱いについても，あらかじめ定めておくことが重要です[8]。

　他方，①従業員が海外在住の外国人である場合（労務提供地である外国の労働法が適用される可能性があり，必ずしも日本法の適用はありません）や②海外子会社で雇用する従業員である場合には，雇用契約のほかに，PIIA（Proprietary Information and Invention Assignment Agreement）を締結するほうが良いことがあります。たとえば，アメリカでは，日本と同様，職務発明について特許を受ける権利は，原則として従業員に帰属しますが，PIIAに定めることによって，会社が職務発明について特許を受ける権利を得ることができます。

図表2-5　労働時間の管理と時間外労働

① 賃金の計算の基礎となる労働時間の把握
② 長時間労働による健康被害防止

労働時間管理の必要性大

残業が可能な範囲

- 従業員に残業をさせる場合には，**36協定を締結し，その範囲内で**行う必要あり
- 時間外労働・休日労働については上限規定あり

働き方改革による長時間労働の是正の動き

区分	2019年4月労働基準法改正による上限規制（罰則付き）
通常時	時間外労働は月45時間
	時間外労働は年360時間
特別協定の定めの上限 （臨時的な特別の事情がある場合）	時間外労働と休日労働の合計が月100時間未満
	時間外労働につき年720時間
	時間外労働が月45時間を超えることができるのは，年6カ月が限度
実労働時間数の上限	時間外労働と休日労働の合計は，「2カ月平均」から「6カ月平均」まで全てにつき月80時間以内

図表2-6　時間外労働などに対する割増賃金の支払義務

割増賃金の支払義務

割増賃金の対象となる労働		割増率
時間外労働	1日あたり8時間，1週間あたり40時間を超えて勤務	25％以上（1カ月の合計が60時間まで）
		50％以上（1カ月の合計が60時間を超える場合）※
休日労働		35％以上
深夜労働	午後10時から午前5時	25％以上（管理監督者でも支払必要）

✓ **年俸制**を採用した場合にも，**割増賃金**は発生
※ 中小企業は2023年4月から義務化

労働時間にかかわらず支払うべき給与の総額を見通せるようにする仕組み

① **固定割増賃金**を支払う方法
② **管理監督者**として取り扱う方法
　➢ 当該従業員の**権限，裁量，待遇**などから実質的に判断
③ **裁量労働制**の導入 ◄
④ **高度プロフェッショナル制度**の導入
　➢ 金融商品開発，資産運用，研究開発などの業務に従事

> スタートアップは，**専門業務型裁量労働制**（対象業務に制限あり・労使協定の締結および労基署への届出必要）を選択することが多い

Ⅴ．労働時間管理と時間外労働

　会社は，従業員の労働時間を管理，把握することが必要です。これは，仮に給与額を固定する措置を講じている場合であっても同じです。スタートアップにおいては，創業者である役員も従業員もやる気に満ちていて，際限なく働くことを希望するケースがあります。しかし，長時間労働は，脳や心臓などの身体疾患やうつ病などの精神疾患の発症の一因となることがあり危険です。従業員の長時間労働を放置して問題が生じた場合，適切な労働時間管理を会社が怠ったとして，安全配慮義務違反を追及されるおそれがあるので，注意が必要です。

　コロナ禍によって急速に普及したテレワーク（在宅勤務）は，従業員の多様なニーズに応じた働き方に対応できますが，労働時間の管理は必要です。インターネットを利用したタイムカード打刻やPCの起動時間など，客観的な資料をもとに労働時間を把握できる体制をあらかじめ構築することが不可欠です[9]。

Ⅵ．割増賃金の支払義務と給与総額を見通す制度

　役員も従業員もやる気溢れるスタートアップでは，労働時間は長くなりがちです。しかし，従業員の時間外労働（残業），休日労働，深夜労働に対しては，割増賃金の支払が必要です（労働基準法37条）（時間外・休日労働に関しては，従業員が管理監督者等（同法41条2号）に該当する場合を除きます）。割増賃金の増加は，会社の収支に影響を与えることもあります。そこで，支払うべき給与の総額を見通す目的で，一定時間分の時間外・休日・深夜労働に相当する固定割増賃金をあらかじめ支払う方法が多く利用されます。この固定割増賃金制度を導入するためには，就業規則や賃金規程などにおいて，基本給とは別に「固定割増手当」などの項目を設け，「時間外労働の有無にかかわらず，10時間分の時間外手当として10万円を支給する」，「10時間を超える時間外労働分についての割増賃金は追加で支給する」などと定めることによって，固定割増賃金額を明確に区別・算定できるようにする必要があります。

　なお，法令上の要件があり，適用できる場面は限られますが，スタートアップでも裁量労働制[10]や高度プロフェッショナル制度[11]が利用できる可能性もあるので，これらの制度の導入を検討することも考えられます。

図表2-7　同一労働同一賃金

- 2020年4月1日（中小企業は2021年4月1日）から，**同一労働同一賃金**による規制を強化
- 短時間労働者・有期雇用労働者に対する**均衡待遇**と**均等待遇**が求められる
- 違反する労働条件の相違は**無効** ⇒ 使用者に対して不法行為に基づく損害賠償請求がなされる可能性

区分	内容
均衡待遇	基本給，賞与等の待遇において，職務の内容等を考慮して，「通常の労働者」（フルタイムかつ無期雇用の従業員）との間に**不合理と認められる相違を設けてはならない**
均等待遇	職務の内容等が「通常の労働者」と同一であると見込まれる場合，基本給，賞与等の待遇において，**差別的取扱いをしてはならない**

成果主義型人事制度	ジョブ型雇用
仕事の成果や必要な能力に着目して賃金額を決定する制度	**特定の職務（ジョブ）を担当させる目的**で従業員を雇用する方法
職務や従業員が果たすべき役割を類型化・序列化し，各等級ごとに賃金を定める	採用時に職務内容を具体的かつ詳細に検討し，雇用契約書に記載

図表2-8　解雇の厳格な制限

解雇の制限	日本の法令上，解雇が可能な場面は厳格に制限

右の要件を満たさない場合**無効**
- ✔ 客観的に合理的な理由が存在すること
- ✔ 解雇が社会通念上相当であること

特に

整理解雇
（経営上必要な人員削減）
の有効性判断のための4要件
- ① **人員削減の必要性**があるか
- ② **解雇回避努力義務**が尽くされているか
- ③ **人選**は合理的であるか
- ④ **手続**は妥当であるか

解雇によらない人員削減の方法

対象となる従業員から合意を得ることが前提
- ✔ 退職勧奨による合意退職
- ✔ 早期退職の募集

Ⅶ. 「働き方改革」と同一労働同一賃金

現在，日本は，①少子高齢化に伴う生産年齢人口の減少，②働き方のニーズの多様化（育児や介護との両立など）という状況にあり，投資やイノベーションによる生産性向上，就業機会の拡大や意欲・能力を発揮できる環境作りなどの課題を抱えています。そこで，厚生労働省は，個々の事情に応じて，多様な働き方を選択できる社会を実現し，将来の展望をもてることを目指して「働き方改革」を進めています[12]。「働き方改革」には，(a)長時間労働の是正，(b)雇用形態によらない公正な待遇の確保，(c)柔軟な働き方がしやすい環境整備，(d)ダイバーシティの推進，(e)労働生産性向上などが含まれています。

このうち(b)については，2020年4月1日（中小企業では2021年4月1日）から，同一労働同一賃金に関する規制が強化され，短時間労働者と有期雇用労働者について，「均衡待遇」と「均等待遇」が求められるようになりました[13,14]。

最近では，同一労働同一賃金の観点から，勤続年数に着目する年功序列型人事制度ではなく，成果主義型人事制度[15]や，ジョブ型雇用[16,17]を導入する例もみられます。こうした制度を導入する際には，将来の職務内容に変動を見据えて，賃金規程などにおいて職務と賃金の対応関係を明確に定める必要があります。

なお，コロナ禍によるデジタルシフトへの対応可否などによって分断が広がり，働く人に中立なセーフティネットの整備の必要性が強くなったという指摘があります[18]。スタートアップでも，人材の働き方に注意が必要でしょう。

Ⅷ. 必要な人材の変化と解雇の難しさ

スタートアップは，日々変化し成長しているので，必要な人材も段階ごとに変化します。しかし，日本の法令上，ひとたび雇用した従業員の解雇は厳格に制限されています。たとえば，従業員の能力が不足している場合であっても，突然解雇することはできず，事前に，注意や指導，訓練を繰り返し実施する必要があります。また，コロナ禍などで経営が厳しくなっても，従業員に非はないので，会社の経営上の都合による解雇（「整理解雇」）の有効性は，特に厳格な判断がなされます。人材を雇用するにあたっては，求める人物像を担当者間で共有し，解雇の原因となるミスマッチを防ぐことが重要です。

図表2-9　有期雇用契約の留意点

雇止めとは

有期雇用契約において，労働者が更新を希望しているにもかかわらず，使用者が**契約に定められた期間で契約を終了**させること

「雇止め」が無効になる場合

① 有期雇用契約が**実質的に無期雇用契約**である場合
② 従業員が有期雇用契約の**更新を期待することに合理的な理由がある**場合

有期雇用契約の取扱いにおいて実務上配慮すべきポイント

✓ 更新手続の履践
✓ 従業員に対する言動 など

無期転換権

有期雇用契約の更新が行われ，**雇用期間が通算で5年を超える場合**には，**無期雇用契約への転換権が従業員に発生**することに注意が必要

図表2-10　業務委託契約の留意点

雇用契約以外の形態

会社・個人間で**業務委託契約**を締結する場合あり

内容	雇用契約	業務委託契約
労働関連法令の適用	あり	なし
労働保険や社会保険への加入	必要	不要

雇用契約と業務委託契約の区別（労働者性の判断）

会社と個人の関係が雇用か業務委託かは，**実態に基づいて判断**

区分		具体的な要素（下記に該当すると雇用とされやすい）
使用従属性の有無 （主要な要素）	指揮監督下の労働の有無	仕事の依頼・指示等の諾否の自由なし
		指揮監督あり
		勤務場所・時間の拘束性あり
		労務提供の代替性なし
	報酬の労務対償性	労働の結果による報酬であること，残業手当支給あり
労働者性の有無 （補助的な要素）	事業者性の有無	機械等の自己負担なし，報酬は結果によらない，損害賠償義務なし等
	専従性の程度	他社の業務への従事は不可，固定給部分あり
	その他	採用過程，給与所得としての源泉徴収あり，労働保険の適用あり等

➢ **実質的な雇用関係（使用従属性）**が認められる場合には，各種労働法規が適用されるので注意

IX．有期雇用契約の留意点

　有期雇用契約の従業員については，「契約社員」「嘱託」「アルバイト」「パートタイマー」などの呼称や雇用区分が設けられることがありますが，これは法令上の区別ではなく，どのような呼び方でも，同様の規制を受けます[19]。

　有期雇用契約の場合，従業員が契約の更新を望んだとしても，原則として，雇用期間の満了によって雇用契約は終了します（「雇止め」）。もっとも，雇止めは，法令上無効と解される場合があるほか，契約期間中の解雇は，通常時の解雇よりもさらに厳格に有効性を判断されます（民法628条）ので，従業員が同意しない限り，契約期間満了まで雇用契約を終了できない可能性があります。全従業員を有期雇用契約とし，解雇を容易にしようとする例もありますが，有期雇用契約であっても契約終了が無効とされるリスクはあると考えるべきです。

X．業務委託と雇用

　近時，スタートアップからフリーランスやギグワーカーなどに対して，雇用契約以外の形態で作業を委託する場面が増えています。その場合，会社と個人との間には，雇用契約ではなく，業務委託契約が締結されます。正社員として勤務しながら，副業[20]で業務委託を受ける例も増えています。業務委託契約には，労働基準法などの労働関連法令は適用されず，また，労働保険や社会保険などへの加入も不要なので，会社としては負担が少なくてすみます。

　もっとも，業務委託契約であるか雇用契約であるかは，契約の形式ではなく，その実態によって判断されます[21]。実質的に個人が会社に使用され，賃金を支払われている（使用従属性がある）と認められれば，フリーランスやギグワーカーとの間で業務委託契約を締結した場合であっても，実態として雇用契約であると判断されることになります。

　他社で兼業したい，各種保険料の負担を免れたいといった事情によって，労働者自身が雇用契約でなく業務委託契約を希望するケースも存在しますが，実際の指揮命令の有無や時間的，場所的拘束性の有無などの事情を考慮して，業務委託契約を締結することが可能かどうかを判断する必要があります。

■注

1 一般社団法人プロフェッショナル＆パラレルキャリア・フリーランス協会「フリーランス白書2021」（https://blog.freelance-jp.org/20210325-12032/）。なお，内閣官房・公正取引委員会・中小企業庁・厚生労働省「フリーランスとして安心して働ける環境を整備するためのガイドライン」（2021年３月26日）（https://www.meti.go.jp/press/2020/03/20210326005/20210326005-1.pdf）も参照のこと。

2 厚生労働省「外国人の雇用」
　https://www.mhlw.go.jp/stf/seisakunitsuite/bunya/koyou_roudou/koyou/jigyounushi/page11.html

3 出入国在留管理庁「在留資格一覧表」
　https://www.moj.go.jp/isa/applications/guide/qaq5.html

4 「永住者」，「日本人の配偶者等」，「永住者の配偶者等」，「定住者」の在留資格をもつ外国人については，特段の制限なく就業を行うことが可能です。

5 「文化活動」，「短期滞在」，「留学」，「研修」および「家族滞在」。

6 高度専門職には，１号と２号が存在し，それぞれに各種優遇措置が講じられています。高度専門職２号は，高度専門職１号で３年以上活動を行っていた者が対象です。

7 実用新案法（11条３項），デザインに関する意匠法（15条３項）は，職務発明に関する特許法の規定を準用しています。なお，職務著作（法人の業務に従事する者が職務上作成する著作物）の著作者は，会社の規則に定めがない限り，法人とされています（著作権法15条）ので，職務発明とは規律が異なります。

8 特許庁「職務発明制度について」
　https://www.jpo.go.jp/system/patent/shutugan/shokumu/index.html

9 厚生労働省「テレワークの適切な導入及び実施の推進のためのガイドライン」（2021年３月改定）
　https://www.mhlw.go.jp/stf/seisakunitsuite/bunya/koyou_roudou/roudoukijun/shigoto/guideline.html

10 厚生労働省「裁量労働制の概要」
　https://www.mhlw.go.jp/stf/seisakunitsuite/bunya/koyou_roudou/roudoukijun/roudouzikan/sairyo.html

11 厚生労働省「高度プロフェッショナル制度届出にあたって」
　 https://www.mhlw.go.jp/content/000497436.pdf
12 厚生労働省「『働き方改革』の実現に向けて」
　 https://www.mhlw.go.jp/stf/seisakunitsuite/bunya/0000148322.html
13 厚生労働省「同一労働同一賃金特集ページ」
　 https://www.mhlw.go.jp/stf/seisakunitsuite/bunya/0000144972.html
14 最判令2（2020）・10・13裁時1753号4頁（大阪医科薬科大学事件），最判令2（2020）・10・13民集74巻7号1901頁（メトロコマース事件），最判令2（2020）・10・15裁時1754号1頁，2頁，5頁（日本郵便事件）では，正規・非正規雇用労働者間の退職金・賞与・福利厚生等の待遇差の不合理性が主な論点となりました。
15 厚生労働省「職業能力評価基準について」
　 https://www.mhlw.go.jp/stf/seisakunitsuite/bunya/koyou_roudou/jinzaikaihatsu/ability_skill/syokunou/index.html
16 厚生労働省規制改革会議　雇用ワーキング・グループ「多様な正社員（ジョブ型正社員）について」（2014年4月）
　 https://www.mhlw.go.jp/file/05-Shingikai-11201000-Roudoukijunkyoku-Soumuka/0000045355.pdf
17 内閣府規制改革推進会議「ジョブ型正社員（勤務地限定正社員，職務限定正社員等）の雇用ルールの明確化に関する意見」（2019年5月）
　 https://www8.cao.go.jp/kisei-kaikaku/suishin/publication/opinion2/010520honkaigi02.pdf
18 前掲注1　フリーランス白書2021「第1章　はじめに」
19 厚生労働省「労働契約法改正のポイント」
　 https://www.mhlw.go.jp/seisakunitsuite/bunya/koyou_roudou/roudoukijun/keiyaku/kaisei/dl/h240829-01.pdf
20 厚生労働省「副業・兼業の促進に関するガイドライン　わかりやすい解説」（2020年11月）
　 https://www.mhlw.go.jp/content/11200000/000695150.pdf
21 厚生労働省「『労働者』について」
　 https://www.mhlw.go.jp/file/05-Shingikai-11909500-Koyoukankyoukintoukyoku-Soumuka/0000181992.pdf

◆◆◆ スペシャリスト・インタビュー1 ◆◆◆

株式会社ユーグレナ　取締役代表執行役員CEO
リアルテックファンド　代表

永田　暁彦

聞き手：弁護士　廣岡　健司（以下 **H**），清水　亘（以下 **S**）

H セミナーの会場で，突然，インタビューのご相談をさせていただいたにもかかわらず，ご快諾くださりありがとうございます。業界を代表する方のお話を伺う機会をいただけて，大変嬉しく思っております。

S 私も，以前にご講演を拝聴して感銘を受けました。本日はよろしくお願いいたします。まず，リアルテックホールディングスさんの概要と理念を伺えますでしょうか。

　私たちは，世間でディープテックと呼ばれているテクノロジーの中でも，人類と地球の課題解決に資する研究開発型の革新的テクノロジーを「リアルテック」と呼んでいます。世界を変えるのは，いつもリアルテックであると信じています。ただ，資本主義的な考え方が根強くある中で，ここ数十年，リアルテックは，投資対象として劣後しやすい状態が続いていました。そこで，私たちは，経済の時間軸とテクノロジー進化の時間軸とを合わせることを目指して，現在，リアルテックを投資対象とする4つのベンチャー・キャピタルファンドを運用しています。といっても，ファンドの運用そのものが目的ではなく，リアルテックベンチャー（スタートアップ）を育成し，リアルテックを社会実装させることが目的です。ファンドは，そのためのファンクション（機能）の1つとして活動しています。

S ファンドの運営のほかには，どのような事業をなさっているでしょうか。

　スペースフードスフィア（SPACE FOODSPHERE）という未来創造事業を行っています。地球や宇宙の課題解決のためのフロンティア開

拓です。人類が宇宙に進出するためには，閉鎖隔離空間で生存するための環境を構築することが必要です。そのためのテクノロジーを育成することを目的として，企業群を集めてきたり，研究者に対する資金を調達してきたりするプロジェクトです。

⑤ リアルテックに特に注目なさっている理由を改めてお聞かせください。

　すぐに GAFA（Google, Amazon, Facebook, Apple）を引き合いに出す人たちがいますが，IT の雄である GAFA はアメリカ以外に存在しませんし，日本では絶対に GAFA は生まれないと思います。それよりもむしろ，ホンダ二世のような会社だったり，次の AGC（旭硝子）だったり，次のファナックだったりが登場するというほうが，普通に考えて可能性を感じられると思うのです。日本が世界で戦っていくうえで，非言語性があって，つまりサービス系ではなくて，グローバルスタンダードを取れるのは，デストラクティブな（破壊的な）テクノロジーしかないと思っています。人生を賭けるのであれば，そういうことをやるほうが面白いですよね。ユーグレナでバイオ燃料をやっているのも，その 1 つの証左です。

Ⓗ セミナーでも同じことをおっしゃっていて，心に響きました。

　私は，お金持ちになることよりも，病気を治すとか，行けなかった場所に行けるようになるとか，テクノロジーで問題を解決することに関心があります。デジタルの世界が拡大して，エネルギーと食のテクノロジーが進んでいくと，おそらく，人類には，最後に好奇心しか残らないと思っています。「飲む，打つ，買う」みたいな価値観を追いかけている時代はもう終わるはずです。最後に残る会社をつくるためには，テクノロジーをやる以外はないと思っています。お金を持っている人たちはみんな，GAFA だけではなくて，テクノロジーに投資しているという事実を再認識する必要があると思います。

S リアルテックスタートアップのどのような点をご覧になっていますか。

　リアルテックについて，ストレートにご質問にお答えするのであれば，テクノロジーの面白さと蓋然性，革新できるマーケットの種類と規模，誰がやっているのか，そして，やっている人間の目の奥が本気かどうか，ということです。農学部の先生が自分で見つけた果実を産業化する，というような話とは違うと思っています。

H セミナーの際に，ユーグレナは，企業として評価されるまでにとても時間がかかったということをおっしゃっていました。ユーグレナでのご経験をどのように生かされているのでしょうか。

　リアルテックを本当に研究してデストラクティブなものを生み出すには，30年，40年かかりますから，それぞれどの時代を誰が支えるかが大切だと考えています。起業する前は，研究費として色々な支援をします。創業する前は，創業支援をしています。創業したタイミングからファンドのお金が入るまでの間は，それに見合う資金提供をします。ファンドという有期限のスコープに入ってきたら，エクイティ（株式）の投資をし始めます。それなりに事業が進んでくると，事業化の経験をもっているユーグレナの機能が生きてくるのです。

　ファンドは出資をしたら，ベンチャーに伝えたいことは2つです。1つは，スケジュールです。外部資本が入るほどの状態になったということは，内部で研究し続ける状態から，あらゆるものがマーケットにさらされるということですので，研究者からCTOに変化してもらわなくてはいけない。良いものができるまで何年かけてでも研究するというスタンスではいられなくなります。そこで，絶対2年でやり切れ，という趣旨のことを出資先に言い続けます。

　2つ目は，売上です。私たちは，売上をつくることに尋常でないこだわりをもっています。リアルテックを社会に実装するということは，ものを売ることだからです。ものを売ることから逆算して全ての行動をすることができない人は，あまり上手くいきません。たとえば，ロ

ボットベンチャーで,「このロボットが完成すれば素晴らしいのです」といって10年ずっと研究していてもいいのですが,僕らは,スタートアップなら,まず,肘のアクチュエーターだけでも売ってくるべき,という趣旨のことをかなり強調して伝えます。

　もっと言ってしまえば,売上をつくれていない会社は,社会の中にいないのと同じだと思っています。アカデミアの世界では,論文が有名な雑誌に掲載されたとか,科研費を獲得するとか,社会的実効性はないけれど知的財産が出願されているということのほうが優先されるのかもしれません。でも,スタートアップをつくることは,売上をつくることですので,圧倒的な思考の変化が求められるのだと思います。

　私たちは,テクノロジーに投資をしているわけではありません。テクノロジーは,無限にこの世の中にあります。テクノロジーを突き詰めることとマーケットのイシュー(問題点)に立ち向かうこととは,同じようでいて,違うことなのです。これを同時にやるべきだと考えています。オリジナルのテクノロジーを高めていきつつ,売上をつくる必要があるのです。たとえば,私たちが投資している未来機械という会社は,太陽光パネルを清掃するロボットをつくっています。砂漠の多い中東地域などで何千台という未来機械のロボットが既に稼働しています。気温が40度,50度にもなる砂漠に設置された太陽光パネルは,2週間くらいで砂が溜まって発電効率が著しく落ちるので,無人で清掃するテクノロジーは絶対に必要です。テクノロジーを突き詰めていくと,パネルとパネルの間をロボットが移動するためにジャンプしたり,ロボットが移動するためのブリッジを掛けたりしたくなりますが,市場のニーズを見ると,そこは人がやるほうが最適です。このように,サイエンティストとして技術力を高めていくことと PMF (Product Market Fit:最適な製品やサービスを市場へ提供している状態)とを常に併せもつことが重要だと思います。

Ⓢ　売上をつくるとか市場をつくるということについては,経営者の方々と定期的に面談したりして,指導なさるのでしょうか。

指導ではありませんが，リアルテックの社内には，経営者のみなさんに投げかけ続ける言葉がいくつか決まっています。

Ⓢ 私のクライアントであるスタートアップにも，研究を突き詰めようとしてしまう人たちがいます。

極端な言い方ですが，そういう会社は潰れてしまっても，ある意味ではいいと思います。日本のベンチャーに不足しているのは，早く潰して，またやるという文化だと思っています。「ゾンビ企業」が多すぎます。「ゾンビ企業」になる会社では，取締役が自分の報酬をゼロにするというようなことをしたりしますが，フェアバリューではないものがどこかで入り始めると，構造上破綻していくと思います。

Ⓢ 日本のスタートアップ事情をどのように見ていらっしゃいますか。

お金はすごく集まりやすいと思います。ある程度の潜在力のある会社にはすぐにスポンサーが付く環境にあると思います。

リアルテック領域と非リアルテック領域に分けるとすると，IT系のほとんどは非リアルテックと考えていますが，非リアルテック領域については，限りなくお金が付きやすく，過剰流動性と言ってもいいくらいお金は集まりやすいと思っています。しかし，資本政策で「資金ニーズは1千億円」とベンチャーが書かない限り，1千億円出す人は出てきません。だから，私は，スタートアップは資本政策で「資金ニーズは1千億円」と書けばいいと思っています。でも，日本のマーケットだけしか見てないから書けない。日本のマーケットだけを考えると1千億円が必要な場面は，ほぼないからです。宇宙ベンチャーでも，1千億円はいらない。でも，本当に必要資金が1千億円と書くことができて，そこに蓋然性があれば，1千億円集められるような状況だと思います。日本にいるからできないことは，限りなく少ないと思います。

他方で，リアルテック領域のシード期に対する資金供給量は少ないと思います。資金の需要と供給でいうと，供給が足りていません。

非リアルテック領域のベンチャーとリアルテック領域のベンチャーとでは，①必要なお金と，②投資から営業利益や営業キャッシュフローというリターンを得られるまでの時間軸において，かなり大きな違いがあります。

　まず，サービスやITやSaaS（Software as a Service）などの非リアルテック領域では，PMFをする前と，PMFをした後の2つのフェーズに分かれますが，その2つのフェーズが全てです。PMFまでの間は，プロダクトの開発をしたり，マーケティングコストをかけたりする先行投資が必要です。PMFした後には，ユニット・エコノミクス（ビジネスの最小単位における収益性）が満たされていますので，投資とリターンが見やすくなります。

　これに対して，リアルテック領域は，PoC（Proof of Concept：概念実証）⇒試作機⇒量産試作機⇒量産化⇒量産工場という流れです。さらにコンシューマー向けプロダクトであったりすると，量産の時点からからマーケティングコストがかかったりします。必要な資金額は非リアルテック領域のベンチャーと同じくらいだとしても，100億円投資して，当該Fiscal Year（会計年度）内に200億円戻ってくるビジネスではなくて，4年とか5年とか先に戻ってくるという話になります。ユーグレナのバイオジェットへの投資も，利益が出るのはまだしばらく先です。ですから，リアルテック領域については，特にシード期と後半のステージを支えるプレーヤーがもっと必要だと思っています。

Ⓢ　日本でシード期のスタートアップに対する資金供給が足りないのは，リアルテックへの理解や我慢が足りないからでしょうか。

　経済合理性を追うのであれば，リアルテックに投資しないのは不思議ではありません。もっとも，今後は，お金がコモディティ化してきますので，状況は変わってくると思います。

　私自身は，人生の価値になることにしか興味がありません。ベンチャー・キャピタル（VC：Venture Capital）には，やりたい仕事を選べるという良さがあります。もちろん，経済的リターンがあることは証

明していかなければなりませんが，幸い，リアルテックファンドはか
なりリターンがあります。たとえば，いま SaaS 領域への投資が一番
ホットですが，ベンチャーのバリュエーションは，所詮，人気投票で
すので，加熱すればリターン設計が難しくなります。他方で，リアル
テック領域は人気がありませんので，実態的価値と株価との間にアー
ビトラージ（価格差を利用して利益を得る取引）があります。私たちは，
このアービトラージを突き続けてリターンを出しています。私たちが
リアルテック領域に投資をしてきたことによって，みんなが儲かると
思い始めて，この2年くらいで参入プレーヤーが増え始めています。
実際に，高い IRR（Internal Rate of Return：内部収益率）を実現する
ドローンファンドなども登場してきており，経済的摂理としても，そ
ういうところにお金が集まるのは良いことだと思っています。

Ⓢ 今後なさりたいことや目標があれば，可能な範囲でご教示くださ
   い。

　いまはグローバルファンドに最も集中しています。ジャパンファン
ドも，海外に進出できるベンチャーに最大の関心があります。テクノ
ロジーの素晴らしさは，日本というマーケットに縛られないことにあ
ります。日本の素晴らしさは，地方にたくさんのテクノロジーが存在
しているという事実です。たとえば，トヨタ自動車も地方の会社です
よね。日本の科研費（科学研究費）の75％は東京以外に投資されてい
るのですが，VC の75％は東京に投資しています。そこにアービトラ
ージがあり，社会的な課題があると思っています。つまり，地方にテ
クノロジーがあるのに投資がなされていない。それを解決することが
一番やりたいことです。

　また，日本にはアントレプレナー（起業家）が少なすぎると思って
います。優秀さではなくて，パッション（情熱）の問題ですね。特に
リアルテック領域では，全てを投げうってチャレンジする人が少なす
ぎる。ですから，海外のベンチャーに日本のテクノロジーをどんどん
渡したいと思っています。そのほうが普及するからです。グローバル

ファンドは東南アジアが中心ですが，東南アジアのアントレプレナーたちは成長に対する意欲が半端なくあります。そこに日本のテクノロジーをもっていく。私はナショナリズムに縛られておらず，世界が良くなればいいと考えています。もちろん，日本の面白いアントレプレナーには逃さず投資しようと思っていますが，そういう面白いものは，ほとんどが海外に出ていってしまいます。その結果，日本は一時的に沈むかもしれませんが，世界が良くなればそれでいい。私たちのお金と人的リソースは有限ですので，世界を変えることができそうなテクノロジーにお金とリソースを集中します。

　社会的意義を考えてベンチャーが大きくなることを支援していけば，いずれは個人のリターンになると思います。この20年，30年の間，論語とそろばんでいえば，そろばんだけを持っている人が増えてしまった。けれども，論語とそろばんの両方を持っていることが大切なのではないかと思っています。

H パッションを持ったアントレプレナーを日本に増やすにはどうすればよいとお考えでしょうか。

　最近の20代，30代のアントレプレナーたちは，みんな，ソーシャルネイティブ（スマートフォンやSNSに幼少期から親しんだ世代）だと思っています。2000年代前半のアントレプレナーに比べれば，若者たちは，全員，社会性を持っていると思います。早く社会の主軸の入れ替えが起きることが必要だと思っています。

　今の10代，20代，30代の人たちと話していると未来しか感じません。2000年代前半のベンチャーには，ひとやま当てたいという人たちがほとんどでしたが，今はそうではない人たちが増えています。また，大企業の中の人材のグローバルで戦えるベンチャーに対する流動性も上がっていますので，これからさらに変わっていくと思います。

　ユーグレナは，「未来のことは，未来の人が決める」というルールになっていて，CFO（Chief Future Officer）は15歳です。若い世代は，みんな，とても優秀です。なぜミレニアルズ（1980年代から2000年代

に生まれた世代）以降が社会性を持っているのかというと，満たされているからだろうと思っています。社会的成熟性が低いときは，価値観として，もっといい車とかもっと大きな家とかを求めるのですが，その世代とミレニアルズ世代とでは，生活水準や社会性などの点において，原体験に大きな違いがあると思っています。成熟した社会だからこそ，その中でソーシャルネイティブに生まれた人たちは，社会性に目が向くのだと思います。ただ，「もっといい車，もっと大きな家」という価値観をもっていた先輩たちのおかげで，現代の社会が成熟したのですから，若い人たちには，そういう先輩たちへのリスペクト（敬意）をもって社会を変えるべきだ，と話しています。日本が次に行くためにはソーシャルネイティブの活躍が必要です。彼女ら彼らはみんな，当たり前のようにグローバルを目指しています。これからは，そうあるべきです。

　みなさんの希望になるように，これからも頑張ります。

（2021年7月5日（月）12時00分〜12時50分）

第 2 章

資金調達と成長

Scene 3　エンジェルから投資を受け入れる

　AI の設計・開発体制も徐々に整い，AMT は，毛利のネットワークを通じて
つながりのできた事業会社から，いくつかの受託開発の仕事を請け負うように
なっていた。鞆津は，まず，AMT の事業の構想を事業計画に落とし込み，資
金調達の計画を立てることにした。

　事業計画をつくるにあたって，安藤は，ボストン留学時代にお世話になった
アシモフ教授に相談してみることにした。アシモフ教授は，ロボティクス業界
の第一人者であるうえ，自身も多くの起業経験を有しているアカデミックな実
業家だ。アシモフ教授は安藤の相談を快く引き受け，最新のロボット技術に関
する知見に基づき AMT の事業構想に丁寧にコメントしてくれた。そして驚い
たことに，アシモフ教授は自らが AMT の**エンジェル投資家**になることを提案
してくれた。これは安藤には願ったり叶ったりだった。

　こうして，アシモフ教授は，AMT にエンジェル投資を行うとともに，AMT
のシニア・アドバイザーに就任することになった。できるだけシンプルな投資
形態を希望していることから，**SAFE（Simple Agreement for Future
Equity）** による出資とした。近年，スタートアップの**シード投資**の場面で増
えている，**コンバーティブル・エクイティ（CE）** の一種である。安藤は，教
授に感謝するとともに，スタートアップ先進国の懐の深さを知ったような気が
した。

Point

- シードステージにおいては，コンバーティブル・ノートやコンバーティブ
  ル・エクイティなどが資金調達の選択肢となります。
- エンジェル投資家に対しては，税制上の優遇措置があります。

図表3-1　スタートアップの成長の典型的なステージ区分

ステージ	ビジネス	資金需要	投資家
シード	主に起業前であって，事業のアイデアはあるが，具体的な製品やサービスがない段階	起業して，**事業アイデアを製品やサービスとして具体化する資金**（シードマネー）	エンジェル投資家 シードアクセラレータ
アーリー	主に起業直後であって，事業を立ち上げて軌道に乗せることを目指している段階	**事業を軌道に乗せるための運転資金**，製品やサービスの改善のための研究開発資金	一般的なVC CVCや大企業との協業
ミドル（エクスパンション）	事業が徐々に軌道に乗り始め，本格的な成長が見えてきた段階	売上の増加に伴う**運転資金**，新製品やサービス創出のための研究開発資金・設備投資資金	一般的なVC CVCや大企業との協業
レイター	事業が順調に成長し，経営が安定してくる段階。上場を検討する段階でもある	事業規模拡大のための**運転資金**，市場優位を維持するための研究開発資金・設備投資資金	一般的なVCやCVCのほか 金融機関系VC 公的機関系VC

図表3-2　資金調達手法の多様化

資金調達手法の理論的な分類

手法	性質	資金の返済義務	利息の支払	株主総会の議決権（経営への関与と監視）	企業価値上昇の恩恵（アップサイド）
新株の発行	エクイティ（株式）	無	無	有	受け取れる
金融機関からの借り入れ	デット（負債）	有	有	無	受け取れない

新たに登場した多様な資金調達手法

株式と負債の双方の利点を活用した手法	コンバーティブル・ノート（日本では、主に新株予約権付社債）
新株予約権を活用した手法	コンバーティブル・エクイティ
テクノロジーの進歩などによる手法	クラウドファンディング，イニシャル・コイン・オファリング（ICO）
公的機関によるスタートアップ支援	中小企業庁「ものづくり補助金」，東京都中小企業振興公社の創業助成金，大阪起業家グローイングアップ事業

Ⅰ．スタートアップの成長と資金調達

　会社は，人を雇って組織を整え，製品やサービスを研究開発し，設備を導入して宣伝や広告をし，製品やサービスをユーザーに販売・提供するなど，さまざまな活動を通して事業を展開します。活動内容に応じて，運転資金，研究開発資金，設備投資資金，販促（販売促進）資金などが必要となります。

　スタートアップの成長段階は，通常，4つの時期に分けられ，ステージごとに，資金需要が異なります。①起業前後に事業のアイデアを具体化し始めるシード，②事業を軌道に乗せることを目指すアーリー，③本格的な成長が見え始めるミドルまたはエクスパンション，④経営が徐々に安定して上場等の検討が本格化するレイターです。

Ⅱ．エクイティ（株式）とデット（負債）

⑴　エクイティ（株式）の資金調達の場合には，元本返済や利息支払の必要がなく，投資家は，株主として，専ら株主総会における議決権の行使を通じて会社の経営に関与します。株主は，企業活動の成果（企業価値）の分配において，最も劣後する地位にある点が特徴です。すなわち，株主は，債権者，従業員，徴税主体である国や地方公共団体，優先株主などの会社の他のステークホルダーへの分配を終えた後に残余価値が存在する限りにおいて分配を受けることができるにすぎませんが，残余価値の全部を享受することができます（残余財産分配請求権（会社法105条1項2号））。エクイティ（株式）の資金調達は，投資家から見ると，デット（負債）性の資金調達に比べて，ハイリスク・ハイリターンといえます。

⑵　銀行などの金融機関から資金を借り入れるデット（負債）性の資金調達の場合には，会社は，金融機関などの債権者に対して，約定に従って定額の元本返済および利息を支払う義務を負います。債権者は，会社の議決権を有することなく，会社との間の契約の定めに基づき，契約上の権利行使の限度で会社の経営に関与できるにすぎません。債権者は，会社が倒産しない限り，約定どおりのキャッシュフローが保証されますが，会社の業績がどれほど良くても，約定額を超える支払を受けることはできません。デット（負債）性の資金調達は，投資家から見て，ローリスク・ローリターンといえます。

図表3-3　コンバーティブル・ノート

定義	将来，株式に転換され得るNote（Noteを直訳すれば「手形」）
法的性質	**株式に転換できる特約の付された金銭消費貸借**
発行時に定める条件	① 貸付金額 ② 利息・担保の有無 ③ 転換条件（優先株式等に転換される際の条件） ④ 転換価格（転換条件が成就し，元本等が優先株式に転換される際の1株の価格） ⑤ 返済期限・転換期限
特徴	① 実行（貸付）時点ではバリュエーションを行う必要はなく，**後に行われる優先株式等のエクイティによる資金調達（適格資金調達）時に，当該優先株式に関するバリュエーションに基づいて，貸付金が自動的に当該優先株式に転換** ② 適格資金調達ではなく，M&A等が生じた際に，コンバーティブル・ノートを保有するシード投資家が，当該ノートについて，**金銭による返還または元本等の一定の転換価額での普通株式への転換**を選択できる旨を定める場合あり
メリット	**バリュエーションを先延ばしにでき，簡素な手続でスピーディーに資金調達が可能**
デメリット	① 資産が十分ではないシード段階では，**負債が膨らんでしまう** ② 満期日までに適格資金調達が実現できず，投資家がコンバーティブル・ノートを**株式に転換できなかった場合**，スタートアップは，**借入金＋利子を投資家に返済**

図表3-4　コンバーティブル・ノート（規定例）

シード投資家を保護するための措置の例

① **シード投資家が後続投資家よりも有利な価格で転換**できるよう，
転換条件について，**ディスカウントレート**を設定する ⎫ 下記例（x）

② **転換時のバリュエーションに上限（バリュエーションキャップ）を**
設定し，**適格資金調達時のバリュエーションの高騰を防ぎ，シード投資家が取得できる株式数を確保**する ⎫ 下記例（y）

転換価格の定め方の具体例

【転換価額】
「転換価額」とは，以下のうちいずれか低い額（小数点以下切上げ）をいう。

（x）割当日以降に資金調達を目的として当会社が行う（一連の）株式の発行（当該発行に際し転換により発行される株式の発行総額を除く総額調達額が1億円以上のものに限るものとし，以下「次回株式資金調達」という。）における1株あたり発行価額に0.8を乗じた額

（y）＿＿＿＿＿円（以下「評価上限額」という。）を次回株式資金調達の払込期日（払込期間が設定された場合には，払込期間の初日）の直前における完全希釈化後株式数で除して得られる額

なお，「完全希釈化後株式数」とは，当会社の発行済普通株式の総数（ただし，自己株式を除く。）をいう。ただし，完全希釈化後株式数の算出上，普通株式以外の株式等（ただし，本新株予約権および転換価額の定めを除き本新株予約権と同一の条件を有する新株予約権を除く。）についてはその時点で全て普通株式に転換されたまたは当該株式等に付された権利が行使され普通株式が発行されたものと仮定する。「株式等」とは，当会社の株式，新株予約権，新株予約権付社債およびその他当会社の株式を取得できる権利をいう。

Ⅲ．コンバーティブル・ノート

　近年，スタートアップの資金調達手法は多様化しています。スタートアップの資金調達では優先株式の利用が多いところ，設立直後で，製品やサービスが未完成のシードステージのスタートアップの場合には，事業計画の検証が困難で，企業価値の正確な算定もできないので，投資家にとってリスクが高いといえます。そこで，シードステージの資金調達手法として，エクイティ（株式）ではなく，デット（負債）性の資金調達，中でもコンバーティブル・ノートが，頻繁に用いられるようになりました。コンバーティブル・ノートは，一定の条件下で，元本などを株式に転換できる特約の付されたデット（負債）であり，日本では新株予約権付社債の法形式「転換社債型新株予約権付社債（CB：コンバーティブル・ボンド）」を用いることが多くみられます。

　シード投資家は高いリスクを取ってシードステージのスタートアップに投資するため，シード投資家については，後続投資家よりも有利な価格で株式に転換できるようなディスカウントレートを設定することがあります。また，想定以上にバリュエーション（企業価値評価）が高騰し，1株あたりの株価が上昇すると，コンバーティブル・ノートを転換することによってシード投資家が取得できる株式数が相対的に減るという不利益を被るので，株式への転換時のバリュエーションに一定の上限（バリュエーションキャップ）を設定する旨の契約上の手当てをすることもあります。

Ⅳ．コンバーティブル・ノートの転換価格の定め方

　図表3－4の具体例においては，(x)で，転換価格のディスカウントレートを20％に設定し，(y)で，バリュエーションキャップを設定しています。その結果，適格資金調達のコンバーティブル・ノートの転換価格は，(x)20％のディスカウント後のバリュエーション，または，(y)バリュエーションキャップのいずれか低い方に基づき計算された1株あたりの金額となります。

　なお，コンバーティブル・ノートとして日本で一般的に用いられている転換社債型新株予約権付社債「(CB)」の場合には，転換のために新株予約権を行使する際に，社債を現物出資することになるので，行使資金は必要ありません。

図表3-5　コンバーティブル・エクイティ

> **コンバーティブル・エクイティとは**
> • コンバーティブル・ノートから**返済期限と利息の概念を取り外した**手法（下記2類型）
> • **コンバーティブル・ノートのデメリット**（図表3-3）を**解消する方法**として普及しつつある

	新株予約権型	普通株式を使ったみなし優先株式型
内容	有償の新株予約権を発行し，**適格資金調達時に新株予約権を行使可能とする**手法	資金調達時に**普通株式を発行**し，その後，適格資金調達に至った場合，**全株主の合意のもと，優先株式に転換する**手法
メリット	① 新株予約権の権利行使価額格が極端に低廉な金額（通常1円）に設定されるので，投資家は，適格資金調達時に新株予約権を**ほぼ無償で行使し，株式を取得**可能 ② コンバーティブル・ノートのような負債ではなく，**資本の増強**になる	新株予約権や優先株式の発行に比べ，**会社法上の手続がより簡易**
デメリット	新株予約権に対する投資であり，エンジェル税制の対象外	普通株式発行時に**1株あたりの払込価格を決める必要があり，一定程度のバリュエーション**は避けられない

図表3-6　エンジェル投資家と税制上の優遇措置

> **エンジェル投資家とは**
> **創業間もないシード（またはアーリー）のスタートアップに対して
> 資金援助を行う個人投資家**

■ エンジェル税制（スタートアップ投資促進のための税制優遇）

投資時点	→	売却時点
エンジェル投資家が投資を行った年度		エンジェル投資家が未上場のスタートアップ株式を売却した年度

① 設立5年未満の中小企業を対象として投資した場合，投資額全額から2000円を引いた額がその年度の総所得金額から控除される ^(注)

② 設立10年未満の中小企業を対象として投資した場合，投資額全額をその年度のほかの株式譲渡益から控除される

※①，②いずれかを選択

① 株式を売却し損失が発生した場合に，その年のほかの株式譲渡益と通算（相殺）することができる

② 通算しきれなかった損失についても翌年以降3年にわたって，順次株式譲渡益と通算できる

(注) ①については，控除対象となる投資額の上限は総所得の40%または800万円のいずれか低い方

V. コンバーティブル・エクイティ

コンバーティブル・エクイティは，バリュエーション（企業価値評価）を先延ばしにできるコンバーティブル・ノートのメリットを維持しつつ，デットの場合に生じるデメリット（バランスシート（B/S）上の負債が膨らむこと，満期日までに適格資金調達[1]を実現できなければ，借入金を利子とともに返済する必要があることなど）を解消する資金調達方法です。日本では，①新株予約権型や②普通株式を使ったみなし優先株式型などが用いられます[2]。投資家は，有償で新株予約権を引き受けつつ，その後の適格資金調達の際に一定の行使価格を払い込むことによって，普通株式または優先株式を取得できます。コンバーティブル・エクイティを用いれば，詳細なバリュエーションが不要で，株式や新株予約権発行に係る手続（株主総会決議や登記など）のみで資金を調達できます。

コロナ禍によって，スタートアップはビジネスモデルの変更や修正が必要になり，他方で，投資家は投資判断に慎重にならざるをえませんので，バリュエーションの正確性が高まったタイミングで株式への転換を行う「コンバーティブル投資手段」の有効性が注目され，利用拡大が期待されています[3]。経済産業省も「『コンバーティブル投資手段』活用ガイドライン」を公表しています[4]。

VI. エンジェル投資家の株式投資とエンジェル税制

多様な資金調達方法の登場とともに，起業促進による経済活性化を目指して，スタートアップ企業投資促進税制[5]（エンジェル税制）が拡充されています。この制度は，新しい事業に取り組む創業間もないスタートアップに株式投資をする個人投資家（いわゆるエンジェル投資家）に対して税制優遇措置を講じ，スタートアップへの資金の流れをつくることを目的としています。

2021年度税制改正では，エンジェル税制の適用が受けられる投資先のスタートアップ（認定事業者）として，一定の要件を満たした株式投資型クラウドファンディング事業者（少額電子募集取扱業者）が新たに加えられました。また，この改正によって，スタートアップと既存企業とのオープンイノベーションを促進することを目指す，オープンイノベーション促進税制も創設されました[6]。

図表3-7 クラウドファンディング

クラウドファンディングとは
- 「群衆（crowd）」からの「資金調達（funding）」という意味の造語
- 一般に，**新規・成長企業等と資金提供者とをインターネット経由で結び付け，多数の資金提供者から少額ずつ資金を集める仕組み**

手法		投資型，融資型，購入型，寄付型，株式投資型等**さまざまな手法**あり
決済	All in方式	目標金額に達成したか否かにかかわらず募集した資金を受領可能
	All or Nothing方式	目標金額に達成した場合にのみ募集した資金を受領でき，達成しなかった場合はプロジェクトは不成立
メリット		資金調達のみならず，クラウドファンディングを通じた**知名度向上**

図表3-8 イニシャル・コイン・オファリング

イニシャル・コイン・オファリングとは
電子的にトークン（「コイン」や「アルトコイン」等，呼称にかかわらず，電子的に発行される証票を広く含む）**を発行**し，それを販売することで公衆から資金を調達する方法

特徴	① **オンライン**で世界中から資金調達が可能 ② 証券会社のような**中間業者は不要**
メリット	① **ブロックチェーン技術を活用**できるため，発行コストが低い ② **スピーディーに資金調達**を行うことが可能
暗号資産取引所への「上場」	クラウドセール終了後，暗号資産取引所への「**上場**」を行うことで，トークンと法定通貨とを交換することができ，また，暗号資産交換業者に新規発行したトークンを取り扱ってもらうこともできるようになる ➢ **トークンに流動性，相対的な価値が付加**される

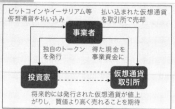

出所：日本政策投資銀行
「DBJ Monthly Overview2017/10」
（2017年10月）
https://www.dbj.jp/topics/report/
2017/files/0000028355_file1.pdf

VII.　クラウドファンディング

　クラウドファンディングは，経済的なリターンを目的とするだけではなく，地域活性化や復興支援など資金調達者への共感をモチベーションとするものも多くあります。たとえば，エンジェルナビ株式会社（旧SBIエクイティクラウド株式会社）が運用する株式投資型クラウドファンディングサービスAngel Navi（旧GEMSEE Equity）は，Social Goodな事業も多く取り上げて支援の輪を広げており，また，協働を促す施策も実行するとしています。また，株式会社フィナンシェが運営するFiNANCiEは，個人がトークンを販売して資金調達できるプラットフォーム兼SNSであり，著名人やアントレプレナー（起業家）などがヒーローカードを発行し，マーケットプレイスで売買できるユニークなクラウドファンディングSNSです。一般消費者向けの商品やサービスを提供するスタートアップにとっては，クラウドファンディングを通じてファンを獲得できれば，事業が軌道に乗った後にファンが顧客になってくれる可能性もあります。なお，株式投資型クラウドファンディング（非上場株式を発行する手法）は，ベンチャー・キャピタル（VC）による出資と似ており，要件を満たせば，エンジェル税制による優遇を受けることもできます。

VIII.　イニシャル・コイン・オファリング（ICO：Initial Coin Offering）

　ICOは，自社のウェブサイトにホワイトペーパー（IPOの目論見書に相当）を公開し，トークンの支払と暗号資産の受取機能を用意することによって実施できます。ただし，ICOは，①ICOトークンが有価証券に該当すれば，金融商品取引法によって，②暗号資産または前払式支払手段に該当すれば，資金決済に関する法律（資金決済法）によって規制されます。また，③日本暗号資産ビジネス協会（JCBA）も自主規制を整備しているため，留意が必要です。

　資金決済法に準拠し，金融庁登録を受けた暗号資産交換業者による世界初のICOとして，2017年には，Quoine株式会社が3.5億QASHトークン（35万イーサリアム（ETH），約134億円相当）のICO（LIQUID）を完了しました。その後，非広告依存型ブロックチェーン技術を用いたソーシャルメディアであるALICEが国内初のICOを実施しました。ただし，日本国内で適法に実施されたICOは数件にとどまっており，今後の活用拡大が期待されています。

■注

1　適格資金調達とは，CBが社債から株式に転換されるための条件を満たした資金調達のことをいいます。

2　税制適格要件を満たすためには，後に発行するストック・オプションの行使価額を，発行した普通株式の発行価額未満に設定することは難しいというデメリットがあるため，みなし優先株式型の利用には慎重であるべきとの考え方もあります。

3　SAFE（米国版）やJ-KISS（日本版）などの定型的かつシンプルなCE契約書のテンプレートが無償公開されており，交渉の手間を省くことができます（コーラル・キャピタル「J-KISSによる調達で必要な手続書類セット『J-KISSパッケージ』」（2019年4月25日））。
　　https://coralcap.co/2019/04/j-kiss-package/

4　経済産業省「コンバーティブル投資手段」に関する研究会「『コンバーティブル投資手段』活用ガイドライン」（2020年12月28日）
　　https://www.meti.go.jp/policy/economy/keiei_innovation/open_innovation/convertible_guideline/guideline_vF.pdf

5　中小企業等経営強化法7条，租税特別措置法41条の19および37条の13

6　2020年4月1日から2022年3月31日までの間に，国内の事業会社またはその国内コーポレート・ベンチャー・キャピタル（CVC）が，スタートアップとのオープンイノベーションに向け，スタートアップの新規発行株式を一定額以上取得する場合には，その株式の取得価額の25%が所得控除されるという経済産業省の制度です（経済産業省「オープンイノベーション促進税制」（2021年10月13日更新）https://www.meti.go.jp/policy/economy/keiei_innovation/open_innovation/open_innovation_zei.html）。

Scene 4　ストック・オプションを制度設計する

　安藤らの構想を実現するためには，優秀な人材はどれだけいても足りないくらいだった。ある日，業界では有名なソフトウェア・エンジニアが，それまで勤めていた会社を退職したと耳にしたので，安藤が接触を試みたが，AMTはインセンティブ報酬制度が十分でないことを理由に，あっさり入社を断られてしまった。

　鞆津は，従業員たちの士気を向上させ，できるだけ長く働いてもらうのみならず，優秀な人材をさらに採用するためにも，ストック・オプションを導入する必要があると考えた。そこで，鞆津は，小倉弁護士にストック・オプションの制度設計を相談した。

　「ストック・オプションの類型にはいくつかありますが，王道は，税制適格ストック・オプションです。ただ，適格要件が細かいこともあって，最近は，信託型ストック・オプションを導入するスタートアップも増えています」と小倉弁護士は答えた。

Point

- ストック・オプションにはいくつかの類型があるので，その内容や特徴を理解したうえで，各社の実情に適したものを検討することが必要です。
- ストック・オプションの発行に際しては，会社法，労働基準法などの規制に対応する必要があります。
- エグジットを見据えて，上場時やM&A時のストック・オプションの処分についても理解しておくことが望ましいといえます。

図表4-1　スタートアップとストック・オプション

> **ストック・オプション（SO：Stock Option）とは**
> 会社の役員や従業員の**インセンティブ**として，**新株予約権**を付与すること

新株予約権

一定の条件（権利行使条件）を満たした場合に，あらかじめ定めた価額（権利行使価額）で**株式を取得できる**権利

スタートアップによるSO活用のメリット

① 将来の株価向上のインセンティブとして働く

② 手元資金の流出なし（資金に余裕がなくても付与可）

③ 権利行使条件の設計次第で，リテンション・プランとしての効果（図表4-8参照）

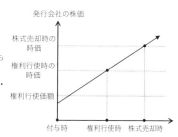

図表4-2　ストック・オプションの類型

		（1）① 税制適格SO	（1）② 税制非適格SO	（2） 時価発行SO	（3） 信託型SO
定義		無償で発行 ＋ 法定の要件を満たす	無償で発行 ＋ 法定の要件を満たさない	有償で発行 （付与対象者がSOの発行価額を払込み）	事後に確定される対象者に対して有償で発行 （将来の付与対象者を受益者とする信託を利用）
付与対象者への課税	付与時	課税なし	課税なし	課税なし	課税なし 受託者に法人税課税
	権利行使時	課税なし	給与所得課税 （注1）	課税なし	課税なし
	売却時株式	譲渡所得課税 （注2）	譲渡所得課税 （注3）	譲渡所得課税 （注4）	譲渡所得課税 （注4）（注5）

（注1）権利行使時の株価と権利行使価額との差額に課税
（注2）売却価額と権利行使価額との差額に課税
（注3）売却価額と権利行使時の株価との差額に課税
（注4）売却価額と株式の取得価額との差額に課税
（注5）税務当局の明確な見解は示されていない点に注意

Ⅰ．スタートアップのインセンティブ・プラン

スタートアップの成長のカギを握るのは人材であり，いかにして優秀な人材を確保し，つなぎ止めるかが重要です。リテンション・プラン（人材引止め策）としては，給与水準や福利厚生に加えて，スタートアップにチャレンジする人材であれば，やりたい仕事に快適に取り組める環境も重要でしょう。さらに，インセンティブ（動機付け）として，会社の成長（企業価値の向上）を給与に反映させる仕組みが望ましいといえます。

金銭的なインセンティブ・プランとしては，金銭による特別賞与などが考えられますが，スタートアップは資金的余裕がなく，現金支出は難しいのが現実です。そこで，株式による報酬が考えられます。会社の業績の向上によって株価は上昇するので，報酬として株式を保有すれば，会社の業績向上に向けたインセンティブになります。もっとも，株式を報酬として従業員に直接付与するのは会社の資本政策に対する制約になり得ますし，時価発行の場合には付与される従業員が払い込むべき金額も大きくなります。また，いったん付与した株式を消滅させるのは至難の業であることも考えると，株式を従業員に直接付与する方式の株式報酬は，スタートアップでは一般に採用しにくいといえます。

他方で，ストック・オプションは，付与してもその時点では現金その他の資産は流出せず，株式に転換されるまでは付与対象者に株主としての権利を与えることになりません。また，上場やM&A，付与対象者の退職時の処理等を柔軟に設計できるという利点があります。

Ⅱ．ストック・オプションの意義

ストック・オプションとは，会社の役員や従業員のインセンティブ報酬として，将来，あらかじめ定めた価額（権利行使価額）で会社の株式を取得できる権利（新株予約権。会社法2条21号）を付与することをいいます。通常，権利行使価額は比較的低い金額になるよう設計されるため，将来，株式を上場した時点でストック・オプションを行使して株式を取得し，当該株式を市場で売却すれば，役員や従業員は，会社の成長に伴って株式価値が向上したことで生じる株式の売却価額と権利行使価額との差額を手にすることができるのです。

図表4−3　類型（1）税制適格ストック・オプション

■ 主な要件（割当契約にも要件を定める必要あり）

新株予約権の内容

- 株主総会決議に基づき無償で発行
- 権利行使：付与決議の日後2年を経過した日から10年を経過する日までの間に行うこと
- 権利行使価額：割当契約締結時における株式の時価以上
- 譲渡禁止

付与対象者

- 発行会社またはその子会社の取締役（監査役を除く）、執行役、使用人、一定の相続人（注）
- 付与決議日に、大口株主またはその特別関係者（配偶者、親族等）でないこと

権利行使

- 権利行使価額の年間合計額：1200万円を超えないこと
- 株式の交付が、募集事項に反しないで行われること
- 権利行使の際に、権利者が大口株主等に該当しない旨の誓約書等を発行会社に提出

その他

- 発行会社と金融機関等との間で、新株予約権行使で取得する株式の管理等信託に関する契約を締結

（注）中小企業の事業活動の継続に資するための中小企業等経営強化法等の一部を改正する法律（2019年7月施行）は、**スタートアップ**などから**社外の高度人材**（エンジニア、弁護士など）への**税制適格SO付与**を認めた

図表4−4　類型（2）時価発行ストック・オプション

時価発行ストック・オプションとは
　　SOの時価＝払込価額として**有償**で新株予約権を発行すること

	時価発行SO	税制適格SO
メリット	・制度的制約がなく自由な設計・発行が可能 ・会社法上の「報酬」規制の対象外	・無償発行ゆえ、付与対象者の負担なし ・税制面で優遇 　① 株式売却時点まで課税が繰り延べ 　② 給与所得課税なし
デメリット	・発行価額＝時価の算定に手間とコスト 　実務上、第三者算定機関（監査法人など）に算定を依頼 ・付与対象者は資金が必要 　時価ベースでの払込みが必要なので、払込みのために用意する資金の額は大きくなりがち	・租税特別措置法所定の要件を満たす必要あり

Ⅲ．ストック・オプションの類型

　主なストック・オプションとしては，実務上，(1)無償で発行する無償発行ストック・オプション（①税制適格ストック・オプション，②税制非適格のストック・オプション），(2)時価発行ストック・オプション，(3)信託型ストック・オプションがあります（図表4－2参照）。導入にあたっては，インセンティブ効果のみならず，類型ごとに異なる課税関係等をふまえて，制度を設計します。

Ⅳ．類型（1）　税制適格ストック・オプション

　(1)②税制非適格のストック・オプションでは，ストック・オプションの権利行使時と権利行使によって得た株式の売却時の2度，付与対象者に課税がなされます。これに対し，(1)①税制適格ストック・オプションは，一定の要件を満たす場合に，株式売却時点まで課税が繰り延べられる税務上の優遇があり，納税のための資金手当てが容易になること，課税は一律に譲渡所得課税であり，税率面で付与対象者に有利になる可能性があるというメリットがあります。従前からスタートアップで最も多く用いられてきた類型です。

Ⅴ．類型（2）　時価発行ストック・オプション

　(2)時価発行（有償）ストック・オプションは，ストック・オプションの時価を発行価額とし，付与対象者に当該発行価額を払い込ませて発行される類型です。時価は，通常，客観的な算定が可能な第三者算定機関（監査法人など）に算定を依頼します。実務上は，税制適格ストック・オプションの要件のハードルを回避する目的で導入する例が多いといえます。(2)時価発行ストック・オプションは，(1)①税制適格ストック・オプションと同様，権利行使時には課税されず，取得した株式の売却時に課税されます。

　ただし，時価発行ストック・オプションは，ストック・オプション（ひいては権利行使によって取得する株式）の値上がりを前提として発行価額を払い込ませる点で，投資的な性質を有します。また，時価ベースでの発行となるため，付与対象者が払込みのために用意すべき資金の額も大きくなりがちですので，留意が必要です。

図表4-5　類型（3）信託型ストック・オプション

> **信託型ストック・オプションとは**
>
> 　　**時価発行SO**に信託契約を組み合わせたもの

信託型SOの仕組み

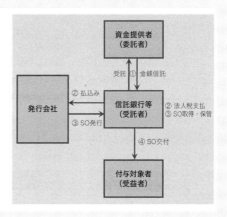

① 委託者が受託者に金銭を信託

② 受託者は，当該金銭で**有償SO**の
　払込みおよび**法人課税信託の法
　人税の支払**

③ 受託者は，有償SOを取得して，
　将来，従業員に交付するまで保管

④ 信託契約で定めた手続に従って確
　定した付与対象者にSOを交付

図表4-6　ストック・オプションの発行手続

	基本的な手続（非公開会社）	その他の手続
募集事項の決定	株主総会の特別決議で**募集事項**（新株予約権の内容，数，払込金額，割当日，払込期日など）**を決定**⇒ 実務上，発行要領として，まとめて記載	・有価証券届出書等の提出不要となるように設計可（図表4-7参照）
申込み・割当または総数引受	① **申込割当方式**（対象者未定の場合） ・申込みをしようとする者への通知 ・申込み ・割当決定と通知（割当日の前日までに） ② **総数引受方式**（対象者決定済みの場合） ・**総数引受契約**の締結	・**譲渡制限付きの場合**，株主総会等の決議要 ・取締役，監査役への付与の場合**報酬に関する決議**要
割当日	＝新株予約権発行日	・有償SOの場合，行使期間の初日の前日または払込期日までに，払込金額全額の払込要
新株予約権原簿の作成	割当日以後遅滞なく	・新株予約権証券は原則として発行不要
登記	新株予約権の発行から2週間以内	

Ⅵ. 類型（3） 信託型ストック・オプション

　⑶信託型ストック・オプションは，有償ストック・オプションに信託契約を組み合わせたもので，近時，スタートアップで盛んに導入されています。

　⑴①税制適格ストック・オプションでは，権利行使価額は割当契約締結時の株価以上でなければならず，⑵時価発行ストック・オプションでは，新株予約権が時価で発行されるため，いずれも，会社がある程度成長した段階で参画する者にとっては，参画後の株価上昇の余地が限定されます。他方，⑶信託型ストック・オプションでは，株価が低い段階で受託者が新株予約権を取得して保管するため，付与対象者は，会社への参画時期を問わず，株価上昇への貢献度に応じたストック・オプションの付与を受けることができます。

　なお，⑶信託型ストック・オプションにおいては，受託者が新株予約権を取得した時点で法人税課税がなされますが，その後は，付与対象者がストック・オプションを行使して取得した株式を売却するまで，課税はされません。

Ⅶ. ストック・オプションの発行手続

　ストック・オプションの類型を問わず，新株予約権を発行するにあたっては，原則として株主総会の特別決議によって，新株予約権の内容および数，払込金額，割当日，払込期日などの募集事項（発行要項ともいいます）を定めます（会社法238条1項・2項）。募集事項の決定後，新株予約権の付与を受ける者（引受者）との間で付与手続を実施し，新株予約権の割当日にストック・オプションが発行されます。発行要項に記載する事項については，登記が必要であり，誰でも見ることができます。

　引受者との間では，通常，ストック・オプション割当契約が締結されます。割当契約にのみ記載された事項は，登記事項とはなりません。また，割当契約にのみ記載された事項に違反しても，当事者間での契約違反（義務違反）の問題を生じるにすぎず，新株予約権を譲り受けた第三者に対して当然にその内容を主張できるものでもありません。

　したがって，ストック・オプションの設計にあたっては，発行要項に記載する事項や割当契約にのみ記載する事項を慎重に検討する必要があります。

図表4-7　ストック・オプション発行時の留意点

有利発行規制

有利発行の場合，取締役は，その条件での発行が必要な**理由を株主総会で説明**

報酬規制

取締役などの職務執行の対価である場合，定款に定めがなければ，**株主総会決議要**

➤ 時価発行SOの場合，発行価額が新株予約権の公正価額であれば，**報酬規制の対象外**

労働法の規制

従業員に付与する場合には，
①「**賃金**」とは別に付与
② **就業規則への記載**および**労働基準監督署への届出要**

開示規制

50名以上の者への取得勧誘は，本来，金額に応じて，開示書類の提出要

発行価額と権利行使価額の総額	提出すべき開示書類
（ア）1億円以上	有価証券届出書
（イ）1000万円超1億円未満	有価証券通知書
（ウ）1000万円以下	不要

ただし，**スタートアップでは，通常，開示書類の提出が不要となるように設計**（①譲渡制限付新株予約権を，②発行会社等の取締役や使用人のみに対して取得勧誘する場合には，取得勧誘する人数に含めなくてよい）（注）

（注）上場後（公開会社）は，SOの概要を事業報告，有価証券報告書に記載する必要あり

図表4-8　権利行使条件の定め方

権利行使条件の例

インセンティブの観点

① **会社の状態**：上場までは権利行使不可
② **業績，株価の指標**：業績目標，株価などの達成（特定値，平均値，累積値等）

リテンションの観点

③ **対象者の属性**：権利行使時に役員・従業員であること（＝退職後は権利行使不可）
④ **クリフ，ベスティング**：付与決議後XX年間は権利行使不可とし，その後YY年間にわたって，ZZ%ずつ段階的に権利行使可能

新株予約権の行使条件の具体的な条項例（上記②業績指標による場合）

新株予約権者は，会社の経常利益が下記①②のいずれかの条件を達成した場合には，当該経常利益が記載された決算短信の公表日の翌日以降，付与された新株予約権に当該各号に掲げる割合（行使可能割合）を乗じた数（端数切り捨て）を限度として新株予約権を行使できる

① 単年度ごとの業績達成要件	② 通算の業績達成要件
会社の経常利益が前年比130%を達成した場合 2022年12月期行使可能割合：25% 2023年12月期行使可能割合：25% …	会社の経常利益が2021年12月期比130%のN乗（N=2021年12月期を0とした経過会計年度数）を達成した場合 2022年12月期行使可能割合：25% 2023年12月期行使可能割合：50% …

VIII. ストック・オプション発行時の留意点

　(1)取締役へのストック・オプションの発行には，①新株予約権そのものを報酬等として付与する方式（無償方式）と②金銭を報酬等としたうえで当該報酬等債権と新株予約権の払込債務とを相殺して新株予約権を交付する方式（相殺方式）とが考えられます。いずれであっても，報酬等の額またはその算定方法を株主総会決議で定めるべきところ（会社法361条1項1号または2号），2019年の会社法改正（2021年3月1日施行）は，①報酬等の決定手続の透明性向上と②業績に連動した報酬等を適切かつ円滑に付与できるようにすることを目的として，新株予約権の数の上限，内容，行使条件，譲渡制限，会社による取得事由，交付条件等も定めることを要するものとしました（同法同項4号・5号ロ）[1]。

　(2)新株予約権の取得の申込みの勧誘（取得勧誘）が50名以上の者に対して行われる場合には，金融商品取引法上の「募集」に該当し，有価証券届出書等の提出が必要となる場合があります（同法5条）。もっとも，新株予約権に譲渡制限が付されており，かつ，発行会社等の取締役，監査役および使用人のみに対して取得勧誘が行われる場合には，有価証券届出書等の提出は不要です（同法施行令2条の12第2号）。したがって，通常，スタートアップの場合には有価証券届出書等の提出は不要と考えてよいといえます[2]。

IX. 権利行使条件の定め方

　ストック・オプションの行使については，会社の成長や企業価値の向上のためのインセンティブ機能を発揮させる目的で，①上場やM&A（支配権移転取引）まではストック・オプションを行使できないことや，②一定の業績目標，株価の達成を行使条件として定めることがあります。また，従業員のリテンションを確保（離職防止）するために，③行使時に会社の役員・従業員であること，④ストック・オプションの付与後一定期間は権利行使できないこととし，当該期間の経過後には，一定期間ごとに段階的に権利行使が可能となること（クリフ，ベスティング）を条件として定めることもあります。

図表4-9 ストック・オプションの処分（上場時）

- 上場の場合：SO保有者は，権利を行使し，取得した株式を売却可
- ただし，**ロックアップ**（一定期間，**株式を保有し続ける義務**）に注意

① 上場した取引所の規則による場合（報酬として割り当てたSOの場合）

対象となる新株予約権	上場準備会社が役員・従業員等にSOとして割り当てた新株予約権
対象者	上場申請直前事業年度の末日の**1年前**の日以後，上場日の前日までの期間において割当を受けた者
締結する確約書の内容	・ 割当日から上場日の前日，または権利行使を行う日のいずれか早い日までの間，SOを第三者に譲渡しない旨，および， ・ 上場日の前日までの間，SOの行使により取得した株式を第三者に譲渡しない旨
提出義務	書面を取引所に提出要

② **主幹事証券会社との契約による場合：上場後の一定期間**（上場日から90日または180日が多い）

図表4-10 ストック・オプションの処分（M&A時）

- **M&Aの売主・買主の意向やSOの行使条件次第で**，いくつかの方法あり

1．SOのまま売却

- **具体的な流れ**
① 主要株主と買主との間で株式売買契約を締結
② SO保有者と買主との間でSO売買契約を締結してSOを売却

- **留意点**
税制適格の要件充足不可
（税制適格SOを売却する時点で，給与所得課税）

2．SOを行使して株式を売却

- **具体的な流れ**
① 行使可能期間が到来しているSOを権利行使して株式を取得
② 取得した株式を買主に売却

- **留意点**
税制適格を維持するためには，取得された株式（株券）を証券会社等に保管委託し，その後に当該株式を売却

3．SOを放棄して特別賞与を付与または対象会社による買取り

- **具体的な流れ**
① 保有者はSOを放棄，対象会社から特別賞与を付与
② または，対象会社においてSOを買取り

- **留意点**
会社からキャッシュアウトが生じるので，M&Aの譲渡当事者間で，株式の譲渡価額を調整要

4．SOを放棄して買主SOを付与

- **具体的な流れ**
① 保有者はSOを放棄
② 買主から買主の会社におけるSOを付与

- **留意点**
他の方法と異なり，SOのインセンティブ機能を継続させること可。ただし，買主の資本政策，人事政策次第

Ⅹ．ストック・オプションの処分（上場時）

　エグジットは，ストック・オプション保有者が権利を行使して利得を現実化する絶好の機会です。上場の場合，割当契約の定めに従って，ストック・オプション保有者は権利を行使し，取得した株式を売却することができます。

　ただし，上場前後の一定期間は，①上場した金融商品取引所の規則，または，②主幹事証券会社との契約によって，ストック・オプションまたはその権利行使によって取得した株式を第三者に売却できず継続保有する義務（ロックアップ）が課せられることがあるので，注意が必要です。ロックアップの目的は，①では，上場制度を利用した短期利得の排除，②では，新株発行や大株主による売却等を抑制し，株式の需給バランスの安定を図ることです。

Ⅺ．ストック・オプションの処分（M&A時）

　会社の株式が上場した場合のみならず，会社がM&A（支配権移転取引）を行う場合など，ストック・オプションの保有者にも価値の分配を受けさせるべき場面が生じます。主要株主が会社の議決権のある株式の過半数に相当する株式を第三者に売却するケースが典型的です。

　株式の売却価格が，ストック・オプションの権利行使価額を下回る場合（アウトオブザマネーの場合），ストック・オプションの保有者には分配されるべき価値がないと考え，ストック・オプションを放棄してもらう，または，発行要項に定められた条件に従い，会社が無償で取得することが考えられます。他方，株式の売却価格がストック・オプションの権利行使価額を上回る場合（インザマネーの場合），ストック・オプションの保有者に対しても価値の分配を受けさせることが合理的と考えられます。

　なお，割当契約において，ベスティング条項が定められている場合，株式譲渡時点でベスティングが未了のストック・オプションについては，権利行使できない旨を定めることもありますが，その全てについてベスティングを認める旨を定める場合もあります。ただし，後者の場合には，権利行使可能期間を付与決議後2年を経過した日からとしなければならない税制適格要件との関係に注意が必要です。

1 　同改正は，株主総会決議で取締役の報酬等の額（会社法361条1項1号）を定め
　る場合であっても，報酬等の具体的な算定方法（同項2号）や具体的な内容（同
　項3号）を定める場合と同様に，これを相当とする理由を説明するものとしまし
　た（同条4項）。

2 　発行会社，その完全子会社および完全孫会社の取締役，監査役および使用人50
　名およびそれ以外の者1名に付与する場合，この例外が適用されない（有価証券
　届出書等の提出が必要になる）という解釈が示されています（金融庁「企業内容
　等の開示に関する留意事項について」（企業内容等開示ガイドライン）4－2②）
　ので，注意が必要です。

Scene 5

初めて本格的な資金調達をする（シリーズA）

AMT の設立から 1 年がたった。予想はしていたものの，汎用型 AI ロボットの構想実現のためのハードルは高く，AMT は方針の見直しを余儀なくされていた。安藤，毛利，鞆津は，より現実的な路線として，ロボットの頭脳である AI の開発を優先するため，開発中の AI をチャットボットとして先行公開し，ユーザーとのインタラクションに基づく試行錯誤の中で，AI の学習をさらに加速させる方向性を決めた。鞆津が熱心にシードアクセラレーター主催のコンテストに参加して受賞したことや，アシモフ教授が出資するスタートアップであるとの評判もあり，AMT は，業界の中ではそれなりに高い認知度を有するようになってきた。

3 人は新しい事業計画を基礎として**シリーズ A** の資金調達を計画し，国内外のベンチャー・キャピタル（VC：Venture Capital）数社から提案を受けた。これらのうち，ベンチャーダイナミクス（「VD 社」）は，AMT に取締役を派遣するとともに，今後の成長に向けたハンズオンでの支援も申し出てくれた。そこで，3 人は，VD 社を**リードインベスター**としてシリーズ A の資金調達を実施しつつ，VD 社から取締役として門田を受け入れることにした。

Point

- 種類株式を利用することにより，VCがその重要視する権利を確保しつつ，経営株主の持株比率の低下を防止した資金調達が可能です。
- 適格資金調達ラウンドでは投資契約，株主間契約，買収対価分配合意書といった契約書により経営株主と投資家の権利義務を明記することが肝要です。

図表5−1　VCによるアーリーステージでのスタートアップ投資

	VCから見た スタートアップへの投資	スタートアップから見た VCからの出資受入れ
主な目的	まだ世に出ていない投資先の企業価値上昇による，エグジット時のキャピタルゲイン獲得	成長資金の調達
メリット	① 後続ラウンドと比較して，出資額を抑えた投資が可能 ② 経営への深い関与（ハンズオン型の投資スタイルを取ることも可能）	① VC投資によりレピュテーションを高めることで，他の投資家や金融機関から追加出資を受けやすくなる ② 事業成長の促進（VCによる事業提携先の紹介）
デメリット	今後の事業の見通しが立ちにくくリスクが大きい	① VCによる過度な株式取得による，その後の資本政策への悪影響 ② 創業者／VC間での経営方針の対立が先鋭化するおそれ

図表5−2　投資実行までのプロセス

秘密保持契約 （NDA）の締結	DDの実施	契約作成，交渉， クロージング
・最終的に投資に至らなかった場合でも，スタートアップからDDの過程で提供した情報が無断で外部に開示されることを防止可能 ・通常，弁護士などの外部専門家をこの段階で選任	・投資家からスタートアップに対して，法務・財務等の観点から必要情報や資料の開示リクエストがなされ，それらをもとに，スタートアップの現在の経営状態，収益見込み，リスクなどを分析 ・スタートアップは，DDに効率よく対応すべく，各種資料は常に整理して，速やかに開示できるような体制を維持しておくことが肝要	・詳細な投資条件を決めるためのタームシートを用いた契約交渉 ・特に（事業が当初予定したとおりに十分な成長をしなかった場合の対応を含む）エグジットに関する取決めは明確に規定しておくことが大切

Ⅰ．VCによるアーリーステージでのスタートアップ投資

　VCは，主に外部の出資者から資金を預かって期限のあるファンドを組成し，その資金を利用してスタートアップに投資をするため，預かった資金の管理・運用に対して責任を負います。VCは，最終的にはキャピタルゲインを出資者に還元するので，エンジェル投資家に比べて，投資対象に対する審査や投資条件が厳しくなりがちです。日本のVCの多くは，二重課税（たとえば，会社への法人税課税と株主への所得税課税）を回避し，ハイリスクなスタートアップ投資における投資家の責任を限定できる投資事業有限責任組合（LPS：Limited Partnership）を用いたファンドスキームを採用しています。他方，スタートアップの立場からは，アーリーステージでVCの持株比率が過度に高くなると，資本政策に影響を生じる可能性があるので，適切なバランスを模索する必要があります。

Ⅱ．投資実行までのプロセス

　スタートアップに出資をする場合，出資者は，投資先のスタートアップの事業内容および事業リスクなどを考慮して，どのような形態・規模での出資を行うことが適切であるかを慎重に判断する必要があります。そのため，通常，デュー・ディリジェンス（DD：Due Diligence）を行います。DDは，レイトステージになるにつれて専門知識が求められるので，秘密保持契約（NDA：Non-disclosure Agreement）の締結交渉段階から，会計士や弁護士などの外部専門家を選任します。外部専門家は，投資の全体を見据えて，NDAの作成，DD，最終的な契約の作成・交渉・クロージング，外部公表などをサポートします。

　投資契約について，投資家は，①投資における前提条件をスタートアップや創業者に担保させ，②会社法で定められた株主としての最低限の権利以上の権利を得る交渉をします。他方，スタートアップは，③各ステージにおける事業の状況に応じた投資条件を設定するほか，④投資家や創業者などの関係者間で最も問題となりやすい，エグジットへの対応について，事前に決めておくことになります。投資家層や投資ストラクチャーが多様化した昨今，適切な投資契約の締結こそが，健全な投資の促進とスタートアップの成長につながります。

図表5-3　種類株式を用いるメリット

種類（優先）株式	普通株式
剰余金の配当その他の権利の内容が異なる2種類以上の株式を発行した場合の各株式	内容について標準となる株式

投資家 にとってのメリット	創業者株主と同等の権利しか与えられない普通株式と異なり，会社売却時や会社の清算時に，投資家の出資に十分見合う利益を確保可能
創業者 にとってのメリット	① 種類株式の経済的な条件を普通株式に優先させることによる，高いバリュエーションで資金調達実現 ② 発行する株式数を抑えることができ，自らの持株比率の希釈化を防止

図表5-4　種類株式の内容に関する規定

剰余金の配当を受ける権利 に関する規定（優先配当）	**会社からの取得条項**に関する規定 （コール・オプション）
残余財産の分配を受ける権利 に関する規定	**全部取得条項規定** 株主総会の特別決議により，その全部を取得することができる株式
議決権制限に関する規定 ※ 一部事項についてのみ議決権を制限したり無議決権株式とすることも可能	**拒否権（黄金株）**に関する規定 ※ 実務上は，株主間契約で拒否権事由を規定することの方が多い
株式の譲渡制限に関する規定	**取締役または監査役の選任権** に関する規定
株主からの取得請求権に関する規定 （プット・オプション）	

➢ 株主と別途契約をすることにより，上記の規定以外の権利についても，実質的に普通株式と種類株式とで異なる取扱いをすることができる

III．種類株式

　種類株式とは，剰余金の配当や残余財産の分配などについて異なる定めがなされた複数の種類の株式を株式会社が発行する場合の各株式をいいます（会社法108条１項）。剰余金の配当などにおいて普通株式に優先することを定めた種類株式を，一般に，優先株式といいます。配当においては普通株式に優先するものの，議決権がない優先株式もあります。株式の内容を全体として見たときに，普通株式にどのように「優先」するのかはさまざまです。VCは，リスクの高いスタートアップ投資に多額の資金を拠出する以上，投資者として重要な条件に関して，創業者が保有する普通株式に優先する権利を付与された種類株式の取得を希望するのが通常です。

　また，スタートアップの成長段階が進むにつれて，後のステージで出資する投資家は，剰余金の配当などについて，既存の投資家の保有する優先株式と同等またはそれ以上の優先性を希望することが多いです（その分，１株あたりの払込価額は高くなります）。そこで，資金調達の都度，A種種類株式，B種種類株式などというように，異なる条件を定めた種類株式が発行されます。

　なお，種類株式を新たに設定する場合には，まず，種類株式の内容と各種類株式の発行可能総数を当事者間で合意したうえで，株主総会を招集し，特別決議によって，定款の変更や株式の募集事項などを決定します（同法同条２項）。

IV．種類株式の内容に関する規定

　会社法に明記されている種類株式の内容は**図表５－４**の９種類ですが，契約で個別に合意することによって，さまざまな内容を設定することができます。これにより，スタートアップ，投資家それぞれのニーズに合わせた種類株式を柔軟に設定できるというメリットがありますが，その反面，一度発行すると，発行済種類株式の内容を前提にその後の資金調達の条件を検討することになるというデメリットもあります。たとえば，投資を失うリスクを軽減するために株主に有利な規定ばかりを入れてしまうと，種類株式発行後の運用が複雑になりすぎることもありますし，その後の投資ラウンドでの交渉が難航したり，種類株式間の整合性を取りづらくなったりします。種類株式の発行にあたっては，中長期の資本政策を考慮して，その内容を慎重に設計することが大切です。

図表5-5　剰余金の配当を受ける権利に関する規定

剰余金の優先配当権とは
　　他の株主に優先して，剰余金の配当を受ける権利

メ
リ
ッ
ト

- 優先株式の価値を高めることにより，他のよりよい条件を獲得するための
　トレードオフとして活用可能
　（スタートアップの場合，通常は，実際には配当を行わない）
- 会社分割や事業譲渡を利用して実質的に会社や事業を売却する場合，
　早期に対価を株主に帰属可能

優先配当を規定する場合の視点

① 参加型／非参加型	② 累積型／非累積型
優先株主が定款所定の優先配当金の支払を受けた後，さらに残余の分配可能額からの配当も追加して受け取れるか	ある事業年度に定款所定の優先配当金金額の支払が行われなかった場合に，不足分について翌期以降の分配可能額からの補填支払がなされるか

➤ 上記①，②は，いずれの組み合わせも可能

図表5-6　残余財産の分配を受ける権利に関する規定

残余財産の分配に関する優先権とは
　　発行会社が解散・清算した際の残余財産について，他の株主に先立って
　　分配を受けることができる優先株主の権利

適用場面

資金に余裕があるうちにビジネスに見切りをつけて清算する場合等
（みなし清算条項（図表12-5参照）の前提規定としての役割が大きい）

メ
リ
ッ
ト

発行会社が解散・清算した際の残余財産について，他の株主に先立って
分配を受けることができる

残余財産の分配を受ける権利を規定する場合の視点　（参加型／非参加型）

優先株主へ残余財産を分配した後に，なお財産が残っている場合に，
普通株主と同順位で追加の分配を受けられるか

Ⅴ. 優先配当を受ける権利に関する規定

　スタートアップ投資では，キャピタルゲインの獲得を目的とすることが一般的であり，期中の剰余金の配当がなされることはあまり期待されていないので，配当については優先権を規定しない例もしばしば見られます。たとえば，シリーズ A では，配当が行われることはまれなので，非累積型（ある年度の配当が一定額または一定割合に達しなかった場合であっても，その不足分は次年度以降に繰り越されない）とされることが多いといえます。

　なお，優先配当権を累積型とする場合には，残余財産分配請求権や金銭を対価とする取得請求権を行使するときの金銭対価の金額に，未配当の累積的配当を加算するように定めることが一般的です。

Ⅵ. 残余財産の優先分配を受ける権利に関する規定

　通常の清算をするとしても，スタートアップにはそもそも株主に分配できるほどの残余財産が残っていない可能性が高いので，清算に伴う残余財産の分配を行うことは多くありません。もっとも，M&A などの支配権移転取引によって，投資家が保有株式を現金化する機会が生じることは十分に考えられます。スタートアップでは，このような支配権移転取引の結果として株主が取引対価の分配を受ける場合には，会社が清算されたものとみなして，各投資家が有する残余財産の優先分配を受ける権利に基づき，株主間で対価を分配することをあらかじめ合意しておくことが一般的です（みなし清算条項）。したがって，優先残余財産分配権は，みなし清算条項の前提であることを意識する必要があります。

　通常，優先株主は，優先株式の取得価格の x 倍の金額に至るまで，普通株主（創業者株主）よりも先に残余財産から優先的に分配を受ける権利を要求します。たとえば，取得価格の 1 倍であれば，優先株主は，会社の残余財産から，投資元本相当額を優先的に回収することになります。これに加えて，優先株主がエクイティ投資家としてアップサイド（つまり，利益）を享受することができるように，優先分配後の残余財産の分配を普通株主とともに受けることができる参加型の優先株式を設計することが一般的です。

図表5-7　取得請求権／取得条項

取得請求権（プット・オプション）

会社に対して，**株主の有する株式を取得することを請求**できる権利
取得対価として，①会社から**普通株式や他の株式**を付与する場合と，②**金銭**を交付する場合あり

➢ 種類株式の内容として取得請求権を定めない場合でも，経営株主または発行会社による契約違反や表明保証違反の場合に，発行会社や経営株主による投資家の保有株式の買取義務を投資契約・株主間契約において定める例は多い

取得条項（コール・オプション）

一定の場合に**会社が株主の同意なくして株式を買い取る**ことができる権利

- 優先株式は，上場時にそのままでは売却不可
- 上場後にガバナンスへの影響力が強い優先株主が存在することは好ましくない
- ➢ 上場前に，会社の裁量で**優先株式の全てを普通株式に強制的に転換**できるような設計が一般的

図表5-8　資金調達に必要とされる主な契約

	当事者	役割	主な内容
投資契約	投資家 経営株主 発行会社	投資家が株式を取得する際の投資実行条件を中心に定めた契約	① 株式の内容や発行の概要 ② 当事者の表明保証 ③ 払込み前の誓約事項 ④ 払込みの前提条件
株主間契約	投資家 経営株主 既存株主 （発行会社）	投資実行後の会社の運営や株式の譲渡等についての各当事者の権利義務等を取り決めた契約	① 会社経営に関する事項 ② 投資家の株式譲渡，エグジットに関する事項 （注）
買収対価分配合意書	投資家 経営株主 既存株主 発行会社	経営支配権の変更を伴うようなM&Aに際して各株主のエグジットに関する事項を取り決めた契約	みなし清算に関する事項

➢ 上記に加えて、事業提携契約が締結される場合あり

（注）発行会社も株主間契約の当事者になる場合，買収対価分配合意書を別途締結するのではなく，買収対価分配合意に関する規定を株主間契約に入れることもあり

VII. 取得請求権（プット・オプション）／ 取得条項（コール・オプション）

　取得請求権については，後続ラウンドでの低額な新株発行などによって，その取得価額が希薄化されないようにするために，取得価格の調整条項を規定しておく必要があります。取得価格の調整方式には，一般に，フル・ラチェット方式と加重平均方式があります（図表11－3参照）。フル・ラチェット方式では，低額で行われた新株発行などの価額と同額になるよう取得価格を下方修正するので，既存株主が強く保護されます。日本での例はあまり多くありませんが，研究開発型スタートアップなどにおいては，フル・ラチェット方式も少なからず目にすることがあります。なお，取得請求権を用いれば，取得の対価として普通株式ではなく金銭の交付を受けることによって，投資家は，スタートアップへの投資から完全に撤退することができます。もっとも，金銭で株式を買い取れば資金が流出するので，資金ニーズが高いスタートアップにおいてこのような規定が設けられていることはまれです。

　日本では株主平等の原則が重視されるため，上場前に種類株式を普通株に転換しておくことが通例です。そこで，スタートアップにおいては，通常，上場をトリガーとして普通株式を交付する取得条項を設定しています。

VIII. 資金調達の際に締結する主な契約

　株主間契約は，スタートアップの運営が継続する限りその運営のルールの基礎となります。また，スタートアップには資金調達の度に新たな株主が加入するので，当事者の人数が増えるだけではなく，既存株主と新規株主との利害調整のために，絶えず株主間契約の変更を求められます。そのため，株主間契約の各種条項は，当初作成時において適切に規定されているだけでなく，その後，利益関係が異なる多数当事者が加入してきたとしても，状況に応じて必要な調整がなされ，矛盾なく機能し続けるように維持される必要があります。シリーズAにおける最初の資金調達時には，調達金額が多額ではなく，時間的な余裕もあまりない場合がありますが，この段階で締結された諸契約がその後の資金調達の際の条件の基礎となるため，専門家にも相談しつつ，契約書を入念に検討して作成することが望ましいといえます。

図表5-9　投資契約の主な内容

①新株の内容やその発行に関する事項

- 会社が株式を発行し，投資家がこれを引き受けて出資することを規定する条項
- 投資家の引受株式数，払込金額，払込期日，対象会社の払込口座，発行する株式の種類，1株あたりの払込金額などを規定（別紙にまとめて記載されることも多い）

投資契約

②表明保証に関する事項

- ある時点（通常，投資契約締結時および投資実行時の双方）において，一定の事項が真実かつ正確であることを表明させ，保証させるための条項

④取引実行前提条件

- ②，③やその他契約上の義務履行を払込みの条件とする条項
- 各前提条件が満たされない場合，投資家は投資を取りやめることができる

③クロージングまでの誓約事項

- 投資家が，投資契約締結後払込みまでの期間に，会社の価値を毀損されることなく，経営株主に適切に会社経営を行わせるための条項
- 誓約事項違反は契約違反となるため，投資家の選択により，払込みを行わないことと同時に損害賠償請求も可能

図表5-10　株主間契約の主な内容

投資家により経営関与・モニタリングを行うための条項

① 情報開示に関する権利
② 事前通知事項・要承諾事項
③ 取締役指名権およびオブザベーション・ライト

投資家の株式譲渡やエグジットにおける権利を確保するための条項

先買権	共同売却権 （タグ・アロング）	一斉売却請求権 （ドラッグ・アロング）
譲渡希望株主が保有株式を第三者に売却する場合，当該**第三者より先に他の株主（投資家）が株式を買い受ける機会を得る権利**。投資家は，当該第三者と同じかそれ以上の条件で優先的に経営株主の株式を買取可能。	譲渡希望株主が保有株式を第三者に売却する場合，**他の株主も同一の条件で**自己の株式を当該**第三者に売却できる権利**。特に，経営株主離脱時に，残される少数株主が自己の株式を売却することでリスク軽減。	一定数の株主が保有株式を第三者に売却する場合，株主間契約の当事者である**他の株主も保有株式を同一条件で売却するよう強制できる権利**。条項発動要件は，①投資家株主の多数の賛成＋②創業者株主（経営株主）の同意，と設計することあり。
➢ 経営権の外部流出防止	➢ 創業者の株式売り逃げを抑制し，創業者に事業運営に専念させるインセンティブになる	➢ 創業者株主は実質的に買収に対する拒否権を取得 ➢ 買収賛成の場合も，積極的に買収交渉に参加可能

IX. 投資契約の主な内容

　投資契約は，投資家が株式を取得する際の投資実行条件を中心に定めた契約です。投資契約の契約当事者は，投資家，経営株主および発行会社です。

　種類株式を発行する場合には，これまで紹介してきたような発行する株式の種類と投資家の権利を投資契約に詳細に定めます。具体的には，①株式の内容やその発行に関する事項，②表明保証に関する事項，③経営株主および発行会社の払込み（クロージング）前の誓約事項，④投資家が投資を行う前提条件に関する事項などが通常，規定されます。

X. 株主間契約の主な内容

　スタートアップにおける株主間契約の特徴的な条項としては，取締役指名権およびオブザベーション・ライトがあります。ハンズオン式に経営に関与する投資を行う投資家は，①自ら指名した取締役を派遣することで，経営に直接関与することがありますし，②取締役会における議決権は有しないが，会社の重要会議に出席することで経営情報を取得し，意思決定をモニタリングするオブザーバーを派遣することもあります。

　もっとも，多くの投資家から取締役やオブザーバーを迎えることは，取締役会の迅速な開催やスタートアップとしての統一した意思決定を損なう可能性があります。そこで，これらの権利を付与するにあたっては，事前承諾権の付与などと同様に，慎重な検討が必要です。

　ところで，株主間契約に先買権が定められている場合には，第三者の側から見ると，労力と時間をかけて合意しかけた譲渡希望株主と当該第三者との間の取引の条件を，後から別の者が先買権を行使することによって，くつがえされるリスクがあります。そのため，先買権が付いている株式の譲受けを検討しようとする第三者の数はおのずと限られることになり，もし株主間契約に先買権が定められると，譲渡希望株主の株式譲渡やエグジットが大きな制限を受けることになります。したがって，先買権については，株式譲渡やエグジットに与える影響や事実上の制限について留意したうえで，株主間契約を締結する必要があります。

Column：株式分割の活用

　いうまでもなく，スタートアップには資本政策が重要です。資本政策とは，スタートアップが，事業を推進するために必要な資金をどのように調達し，バリュエーション（企業価値評価）を向上させつつ，エグジットを見据えて，誰が，どのような割合で株式を保有するか（株主構成比率）を考える戦略です。

　この資本政策の重要な手段の1つとして，株式分割があります。株式分割とは，既存の株式を分割し，発行済株式数を増やすことをいいます。株主総会または取締役会で分割の基準日や効力発生日などを決議します（会社法183条）[1]。たとえば，1株1万円の株式を1：10の比率で分割しますと，従前の1株が10株に増え，1株あたりの株価は1万円から1千円に下がります。

　株式分割によって，1株あたりの株価は下がりますが，株式数が増えて株式を購入しやすくなる結果，資金調達力が上がる効果が期待できます。ただし，株式を購入しやすくなれば，さまざまな意見をもつ株主が増える点には，注意が必要です。

　また，株式分割は，従業員のリテンションのためにも用いることがあります。たとえば，1千株の株式を発行している場合には，その0.1％を従業員にストック・オプションとして付与したいと思っても，そのままでは1株しかストック・オプションに回せませんので，株式を分割することが考えられます。

　他方で，国内の各証券取引所は，株式の取引単位を100株としています[2]ので，スタートアップが上場を具体的に検討し始める段階では，適切な株式数への分割が必要です。たとえば，時価総額100億円のスタートアップが，上場時に，100株ごとに，10万円単位で流通させたいとすると，100億円÷（10万円×100株）＝100万株が必要ということになります。

　設立時から株式数を無用に増やす必要はありませんが，上記のような諸々の配慮から，スタートアップであっても適宜のタイミングで株式分割を利用することが効果的な資本政策，ひいては，良好なバリュエーションにつながるといえます。

■注

1 　通常，これと同時に，発行可能株式総数も同じ倍率で増加するように定款を変更します（会社法184条2項）。

2 　日本取引所グループ「売買単位の統一」

https://www.jpx.co.jp/equities/improvements/unit/index.html

S cene 6 知的財産権侵害の警告状を受け取る

　AMT は，AI チャットボットの β 版（プロトタイプ）を Web 上で公開した。ところが，これを目にした Great Penguin Corporation（「GP 社」）から，自社の保有する AI 関連の**特許権を侵害**しているという**侵害警告状**が届いた。

　驚いた毛利は，早速，昔からの知り合いである知財弁護士の岩清水に相談した。岩清水弁護士によれば，「いまは **R&D 段階**なので気にしなくてもよいが，プロダクトの販売を開始すると，GP 社の**特許権**が脅威になり得る」とのことであった。そこで，毛利は，岩清水弁護士に依頼して，GP 社に「特許権を侵害しているというならば，具体的な説明を送ってほしい」という書簡を送り返した。しばらくすると，GP 社の特許権と AMT のチャットボット β 版とを比較した詳細な説明が届いた。岩清水弁護士によれば，GP 社の説明は筋が通っており，「設計・開発を始める時点で**第三者の特許権を調査・分析**し，**知財戦略**を練っていれば，GP 社の特許権に気付くことができた可能性が高いですね。現時点で設計変更するか，それが難しければ，当面は，GP 社から**ライセンス（使用許諾）**を受けることも検討してよいのではないでしょうか」とのアドバイスがあった。

　設計変更が可能か否か，AMT の開発陣の技術力が試されることになった。

Point

- ソフトウェアやAIについても，特許権侵害が問題となり得ます。なお，特許権の効力は，試験研究（R&D）段階の行為に対しては及びません。

- スタートアップ（特に研究開発型）の知財戦略は，市場での競争優位の確立（または新しい市場の創出）を念頭に置いて検討することが大切です。

- 他社から知的財産権のライセンスを受けて知財ポートフォリオを構築している場合，事業の安定性確保の観点から，最終的には，設計変更や特許権の買取りなどの方法によってライセンス関係を終了することが目標となります。

図表6-1 特許権は知的財産権の代表例

特許権は，知的財産である発明を保護する権利（知的財産権）の代表例（注）

知的財産	人間の知的創作活動によって生み出された財産的価値のある情報 ⇒情報は，目に見えない「無形の財産（広義の知的財産）」
知的財産権	知的財産を創作者の財産として保護する権利

✓ 知的財産だけでビジネスは決まらないが，知的財産を上手に使えば競争優位の確立に役立つ

（注）知的財産基本法（2002年制定，2003年施行）上の定義は，同法2条1項（知的財産），同2項（知的財産権）参照

知的財産権の特徴

独占的排他性 一定期間，知的財産を独占的に使用可		第三者の無断使用に対して，使用の差止請求や損害賠償請求可
属地主義 各国の法律で権利が認められ,効力はその国の範囲内に限定		国際条約が各国の制度を調和させているので，各国法の方向性は概ね同じ

図表6-2 日本法における知的財産と知的財産権

分類		法律名	権利名	知的財産	ビジネスのポイント等
権利付与型	① 知的創作物	特許法	特許権	発明	ソフトウェア，ビジネスモデル
		実用新案法	実用新案権	考案	－
		意匠法	意匠権	意匠	物品，建築物，画像のデザイン
		半導体集積回路の回路配置に関する法律	回路配置利用権	回路配置	－
		種苗法	育成者権	植物の新品種	国産農作物
		著作権法	著作権	著作物	コンテンツ，プログラム
	② 営業上の標識等	商標法	商標権	商標	商品やサービスのロゴやマーク，ブランド
行為規制型	① 知的創作物	不正競争防止法	－	営業秘密等	ノウハウや顧客リスト
	② 営業上の標識等		－	商品等表示,商品形態	著名マーク等の不正使用（冒用）
		特定農林水産物の名称の保護に関する法律等	－	地理的表示（GI）	特性が産地と結びついた産品の名称

Ⅰ．知的財産権の重要性

　テクノロジーの高度化，複雑化によって無数の知的財産権が出願，登録されるようになった現在，差止などきわめて強い効力を有する法律上の知的財産権は，市場への参入障壁として，競合他社との差別化に役立ち得る反面，自社のビジネスにとっての脅威となることもあります。そこで，将来のビジネス展開を考える際には，①自社の知的財産権をどのように確保し，②他社の知的財産権との関係をどのようにクリアするかが常に問題となります。

　また，上場を目指すスタートアップであれば，上場審査において，①重要な技術について特許権等を取得しているか否か，②特許権等に関して，ビジネスモデルに影響を与える係争があるか否かなどに関する説明を求められるので，その意味でも，知的財産権は重要です。

　なお，知的財産権の効力は，一般に，試験研究（R&D）段階の行為には及びません（特許法69条1項，著作権法30条の4など）。知的財産権の侵害が本格的な問題になるのは，通常，商品やサービスが市場に出る段階からです。

Ⅱ．法律上の知的財産権の取得

　法律上の知的財産権は，各国の法令によって，国ごとに認められる権利[1]であり（属地主義），全世界特許権のようなものは存在しません。そこで，各国知的財産庁への登録が必要な権利付与型の知的財産権については，国際条約や協定[2]の加盟国間で手続をある程度簡略化できるとしても，基本的に，登録を希望する国ごとに出願手続を行う必要があります。したがって，法律上の知的財産権の取得，維持にあたっては，将来的にビジネスでの進出を狙う国をも視野に入れ，弁理士などの専門家と相談のうえ，いかに効率的，戦略的に対応するかを考える必要があります（狭義の知財戦略）。

　なお，知的財産権には，①特許権のような知的創作物に関する権利だけでなく，②商品やサービスに関する商標権のような営業上の標識等に関する権利も含まれます。国内で話題になったブランドのロゴやマークを無関係の第三者が海外で先に出願（冒認出願）する例は数多く，ブランドの保護，確立の観点から，商標権等についても，早い段階から，将来を見据えた検討が必要です。

図表6-3　昨今のビジネスでポイントになる主な知的財産

	留意点
ソフトウェア AI（人工知能）	① コンピュータプログラム：**プログラムの著作物**として保護 ② **ソフトウェアによる情報処理**が，**ハードウェアを用いて具体的に実現**されている場合には，特許権を取得可
ビジネスモデル	**ビジネス方法（ビジネスモデル）**が情報通信技術（ICT）を利用して実現された発明に該当する場合には，特許権を取得可
ユーザー・インターフェース（UI）	物品に記録，表示されていない画像（たとえば，**クラウド上に保存され，インターネット経由で提供されるUI**）も保護
ブランド	① 商品やサービスの名称を**商標登録**（権利範囲が明確で，紛争時に使いやすい） ② **不正競争防止法**に基づき事後的に保護を求めることも可
ノウハウ	**「営業秘密」**として**不正競争防止法**で保護

図表6-4　データの法的保護

■ **データの時代**
　　→ データが経営に及ぼす影響が増大

　　✓ インターネットやスマートフォンの普及で**データ収集が容易化**
　　✓ センサーの小型化・低コスト化で**多様なデータ**収集が可能
　　✓ クラウドの普及で**データの保存コストが低下**
　　✓ AIの進歩で**データ分析が高度化**

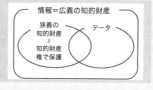

■ **知的財産権によるデータの法的保護は限定的**
　　→ **データの利活用権限を契約であらかじめ取り決めることが重要**

データが知的財産権で保護される場合	要件
不正競争防止法上の 「営業秘密」に該当する場合	①秘密管理性，②事業上の有用性，③非公知性
不正競争防止法上の 「限定提供データ」に該当する場合	①業として特定の者に提供する（限定提供性） ②電磁的方法…により相当量蓄積され（相当蓄積性） ③電磁的方法により…管理されている（電磁的管理性）情報 ④ただし，「営業秘密」に該当する場合を除く
著作権法で保護される場合	**編集著作物やデータベースの著作物**に該当するような場合

Ⅲ．デジタルテクノロジーの知的財産権による保護

　近時，DX（Digital Transformation）の重要性が認識されているところ，デジタルな情報は，品質の劣化を伴うことなく，容易かつ無限にコピーされます。そこで，ソフトウェアについては，特段の出願を要しない（無方式主義）著作権だけでなく，ハードウェアと組み合わせた特許権の取得を検討することも意味があります。

　また，ビジネスの方法（ビジネスモデル）も，情報通信技術（ICT）を利用して実現されていれば，特許権を取得できます。ただし，たとえば，販売管理や生産管理に関する画期的なアイデアのようなものは，特許権を取得できないので，ノウハウとして秘匿する方法などを検討することになります。

Ⅳ．データの重要性と利活用権限

　無形の情報であるデータについては，①有体物と同様の所有権が観念できないうえに，②知的財産権で保護されるのは限られた場合のみです。そこで，データ提供契約などのデータを取り扱う契約においては，データの利活用権限（誰が，どのようにデータを利用できるのかなど）をあらかじめ定め，データの漏洩や不正利用を防ぐ必要があります。たとえば，AIの開発を委託し，自らが保有するデータを教師データとして提供する場合には，開発後のAIの取扱いのほか，AIが新たに生成する派生データの利活用も契約で定めることが望ましいといえます。なお，実務上は，データの処分権限という意味で，現在でもデータの所有権（Data Ownership）という表現を使うことがあります。

　ところで，気象データや地図データの保有者が当該データを特定の人に販売する場合や，データ保有者自身がメンバーになっているコンソーシアムの他の参加者にデータを提供する場合には，「限定提供データ」として保護されます。

　他方，データに含まれる個人情報（生存する特定の個人を識別することができる情報）の取扱いに関する規制は，欧州のGDPR，カリフォルニアのCCPA，中国の個人情報保護法など，世界的に厳しさを増しています。そこで，グローバルに個人情報を取り扱うビジネスを展開する場合には，専門家に相談することが望ましいといえます。

図表6-5 知財戦略

（広義の）知財戦略

⇒**市場での競争優位性を確立**する目的で，知的財産を活用するビジネス上の戦略

知的財産の戦略的活用のポイント

① **市場での競争優位の確立（または新たな市場の創出）に役立つ知的財産権の取得**

② 広義の知的財産（データを含む）を生かしたビジネスモデルやマネタイズの仕組みの検討

③ 複数の知的財産権を組み合わせる「知財ミックス」

④ 研究開発型スタートアップの場合には，量産を視野に入れた知的財産権の取得

⑤ リスクを理解して慎重にオープンソースソフトウェア活用

■ 将来的な**標準化**を狙うことも一つの知財戦略

■ 代表的な知財戦略としての**オープン&クローズ戦略**

⇒経営に寄与する目的で，自社技術などの知的財産を**戦略的に選択**すること

【オープン&クローズ戦略の一例】

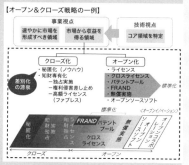

出所：知的財産戦略本部2013年6月版
「知的財産政策ビジョン」29頁（一部表現を調整）
https://www.kantei.go.jp/jp/singi/titeki2/kettei/vision2013.pdf

図表6-6 知財戦略（続）

（狭義の）知財戦略

⇒ 法律上の知的財産権（特許権等）の出願，登録，維持に関する戦略

・ 知財ポートフォリオ・マネジメントと実質的に同義

・ 自社保有技術の出願，放棄，秘匿等の戦略策定を通じて，知財ポートフォリオを構築

知財ランドスケープ

⇒ 経営に活かす目的で，知的財産を分析・整理し，全体を俯瞰する手法

・ 主に狭義の知財戦略の検討が目的

・ 決まった型はないので，ビジネスごとに最適な見せ方を検討

・ バブルチャートも有用（右図）

ITプラットフォームサービスの提供サービスおよび特定技術出願件数

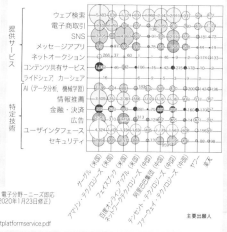

出所：特許庁「令和元年度大分野別出願動向調査−電気・電子分野−ニーズ即応型技術動向調査説明用資料」2019年10月31日・（2020年1月23日修正）13頁
https://www.jpo.go.jp/resources/report/gidou-houkoku/tokkyo/document/index/needs_2019_itplatformservice.pdf

Ⅴ．スタートアップの知財戦略

　スタートアップがどのような知財戦略を採用すべきかは悩ましい問題です。すなわち，(1)知的財産権の出願，登録，維持には，手続を依頼する専門家の手数料や各国知的財産庁に支払う手数料などの多大なコスト（お金）が必要です。にもかかわらず，(2)医薬などの分野を除けば，わずかな知的財産権を保有しても，ビジネスでの競争優位には直結しないことがあります。さらに，(3)スタートアップは，次々と新しいビジネスに着手したり，ビジネスをピボット（方向転換）したりと，出願準備が変化に追い付けないことがあります。他方，(4)スタートアップが VC から資金調達をする際などには，知的財産権の有無が判断のメルクマールの１つとなる，という現実的なニーズもあります。

　そこで，スタートアップとしては，上記の背景を念頭に置きつつ，①市場での競争優位の確立（または新しい市場の創出）に役立つ知的財産権を取得すること，②知的財産を生かしたビジネスモデルやマネタイズ（収益化）の仕組みを構築することを目指すのがお勧めといえます。③特許権や商標権など複数の知的財産権を組み合わせる「知財ミックス」の考え方も有用です[3]。

　なお，無償で自由に使用，改変，配布などができる OSS（Open Source Software）の利用が広がっていますが，OSS には，GPL（General Public License）などのライセンス条件があり，第三者の知的財産権を侵害していないことなどは必ずしも保証されていません。また，OSS によってはソースコードの公開が義務付けられており，経営上のリスクになり得ることも留意が必要です。

Ⅵ．オープン＆クローズ戦略

　自社の知的財産の活用方法を戦略的に選択するオープン＆クローズ戦略は，いまや最も有名な知財戦略の１つです。日本特許庁の「知財スキル標準（version 2.0）[4]」によれば，知的財産を取り扱う戦略レベルの人材（知財戦略人材）には，①クローズ領域とオープン領域とを組み合わせたエコシステム（共存共栄の仕組み）のデザインと②クローズ領域の保護と維持が求められます。

　ただし，経験的には，オープン＆クローズ戦略の実現は容易ではなく，知財戦略を検討する際の視座の１つと捉えるべきであろうと考えます。

図表6-7　特許権侵害とその回避

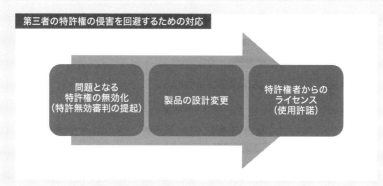

第三者の特許権の侵害を回避するための対応

| 問題となる特許権の無効化（特許無効審判の提起） | 製品の設計変更 | 特許権者からのライセンス（使用許諾） |

特許権侵害の有無を調査する方法

- 特許請求の範囲（クレーム）の記載と**被疑侵害品の構成**とを比較して判断（注）
- 特許権の内容は，日本特許庁「**特許情報プラットフォーム（J-PlatPat）**」などで検索可

（注）　**特許権の権利範囲**とは，**特許発明の技術的範囲**であり，特許発明の技術的範囲は，**特許請求の範囲（クレーム）の記載に基づく解釈**による

図表6-8　知的財産権のライセンス（使用許諾）

■ **特許権ライセンス契約の全体像**　※ 公正取引委員会「知的財産の利用に関する独占禁止法上の指針」に注意

特許権ライセンス（使用許諾）契約の全体像	
①契約当事者	**ライセンサー**（許諾者）← ライセンスをする側 **ライセンシー**（被許諾者）← ライセンスを受ける側
②ライセンス対象	対象特許番号等で特定
③ライセンス条件	**許諾の種類**：専用実施権または通常実施権，独占的実施権または非独占的実施権
	実施態様：開発，製造，販売など
	再実施許諾（**サブライセンス**）の可否
	実施を**許諾する地域**
	ライセンスの**存続期間**
	不争義務：ライセンシーが権利の有効性を争わない義務　←**表現の仕方に要注意**
	非係争義務：ライセンシーがライセンサーに対して特許権等を行使しない義務
④対価	**対価（ライセンス料）の金額**，その支払方法：一括払い，ランニング，漸増，漸減
⑤実施報告等	実施報告，帳簿保管，ライセンサーによる監査
⑥ライセンサーの保証	特許の有効性，目的への合致，第三者の権利の非侵害　※**非保証がスタンダード**
⑦一般条項	秘密保持，準拠法，紛争解決など

✓ ライセンス（使用許諾）対象である**知的財産権の種類**によって，規定すべき事項はやや異なる（**商標権ライセンス契約**では商標の**使用態様**，**ノウハウライセンス契約**では**ノウハウの提供・管理方法**などが重要）
✓ 近時，デジタルな著作物のライセンス管理にNFT（Non-Fungible Token：代替不可能なトークン）を用いる方法が模索されており，今後の動向に注目

Ⅶ. 知財戦略と特許権侵害

知的財産権の出願，登録，維持に関する戦略（狭義の知財戦略）の検討にあたっては，ビジネスで問題になりそうな技術分野全体に関する俯瞰図の作成（知財ランドスケープ）が有効です。完璧な俯瞰図の作成には手間と時間を要しますが，大まかなものであっても，①他社の技術動向を把握して特許権侵害を回避できるだけでなく，②自社がどの技術領域を中心に知的財産権のポートフォリオを構築し，ビジネスを展開するのかを考える材料となります。

実務上，特許権侵害の有無については，特許請求の範囲（クレーム）の記載を分節化し，この分節化された特許権の構成要件と被疑侵害品の構成とを比較して分析，検討します。他社から届いた侵害警告状にこの比較分析が記載されていないならば，その具体的な説明を求める返信をするのが実務上の定石です。

Ⅷ. 知財ポートフォリオと知的財産権のライセンス（使用許諾）

知財ポートフォリオ構築のためには，自社保有技術を知的財産権として出願するだけでなく，①他社から知的財産権のライセンス（使用許諾）を受けたり，②他社から知的財産権を買い取ったりすることも必要となり得ます。また，③知的財産権の取得を目的とした他社の買収（M&A）も検討に値することがあります。全ての手法をスタートアップが視野に入れるのは難しいのですが，目指すビジネスを実現するために欠けているものは何かという視点を持ち続け，徐々にポートフォリオの完成度を高めていくことが重要です。

ライセンス契約については，法律上の厳密な定義はありませんが，他人の知的財産権を使用するための条件を定めた契約であるといえます（特許法78条1項）。理想的な知財ポートフォリオ構築のために，相応な対価で他社から知的財産権のライセンスを受けることができるのであれば[5]，自ら新たな技術などを開発する場合に比べて，時間も費用も節約できます。

もっとも，他社の保有する知的財産権を契約に基づいて使用してビジネスを行っている場合には，上場審査において，当該知的財産権の買取可能性を問われます（マザーズ「上場審査に関するQ&A」[6]参照）ので，将来的なライセンス関係の解消を目指して，製品の設計変更などの継続的な取組みが不可欠です。

■注

1　知的財産権に関する最も基本的なグローバルスタンダードは，世界貿易機関（WTO：World Trade Organization）の加盟国に適用される「知的財産権の貿易関連の側面に関する協定」（TRIPs協定：Agreement on Trade-Related Aspects of Intellectual Property Rights）です。

2　特許権に関する特許協力条約（PCT：Patent Cooperation Treaty），商標権に関するハーグ協定のジュネーブ改正協定，意匠権に関するマドリッド協定議定書などがあります。

3　2021年12月20日，内閣府知的財産戦略推進事務局は，「知財・無形資産の投資・活用戦略の開示及びガバナンスに関するガイドライン（案）」をパブリックコメントに付しました。これは，経営における知的財産・無形資産の重要性に鑑みて，知的財産・無形資産に関する経営戦略の開示方法やガバナンスの構築方法について，改訂コーポレートガバナンス・コードをふまえた指針を示すものです。
https://public-comment.e-gov.go.jp/servlet/PcmFileDownload?seqNo=0000228255

4　特許庁「知財人材スキル標準（version 2.0）」（2017年4月）
https://www.jpo.go.jp/support/general/chizai_skill_ver_2_0.html

5　経済産業省＝特許庁「研究開発型スタートアップと事業会社のオープンイノベーション促進のためのモデル契約書ver1.0」（2020年6月30日）（https://www.meti.go.jp/press/2020/06/20200630006/20200630006.html）には，契約交渉の際に留意すべきポイントも解説されています。

6　東京証券取引所「2020〜2021 新規上場ガイドブック（マザーズ編）／Ⅵ 上場審査に関するQ&A」（2021年5月更新）
https://www.jpx.co.jp/equities/listing-on-tse/new/guide/01.html

Scene 7　キーパーソンの引抜きにあう

　AI の開発が軌道に乗り始めたある日，その要となっていた我妻が，突然，会社を辞めると言い出した。我妻退職の噂は瞬く間に広がって，社内は大騒ぎになった。安藤が事情を聴くと，中国の大手 IT 企業である上海晴天科技集団（「上海晴天社」）から，高額の年俸ときわめて魅力的な開発環境を提示され，**引抜きオファー**を受けていたことがわかった。安藤が説得にかかるも，我妻の気持ちはなかなか動かない。そこで，鞆津は，何か法的な手段を講じることはできないか，顧問の小倉弁護士に相談することにした。

　ストック・オプションの割増しなども提案したが，結局，我妻は，上海晴天社に転職していった。退職時に，特に抗うことなく，我妻が**秘密保持と競業禁止を定めた誓約書**にサインをしてくれたのは，せめてもの救いだった。鞆津は，従業員の**リテンション・プラン**の充実を図るとともに，**秘密保持体制（秘密管理措置）**の見直しに着手した。

Point

- 本来，従業員の転職は自由なので，他社による従業員の引抜き行為も，原則として，自由競争の範囲内とされています。
- スタートアップでは従業員こそが財産であるため，平素から，従業員を引き抜かれないようにするためのリテンション・プランが重要になるほか，いざというときに備えて，在職中および退職後の競業避止義務や秘密保持義務を従業員に周知することが大切です。
- 他社による引抜き行為が社会的相当性を逸脱すれば違法となり，差止や損害賠償請求ができますが，その効果は限定的です。

図表7-1　職業選択の自由と引抜き

> **職業選択の自由**とは
>   従前，日本的終身雇用により人材の流動は乏しかったが，本来，**転職は自由**
>   ➤ 人材の引抜きは，勧誘行為にとどまる限り，自由競争の範囲内（違法性なし）

　もっとも

引抜きによって，会社に損失が発生することあり
　① 特にスタートアップは人材の能力や特性に依存
　　➤ **リテンション・プラン（人材引き止め策）の重要性**
　② 引き抜かれた人材が**競合ビジネスを行う**ことで，**自社ビジネスの発展を阻害**
　③ 単に人材が流出するだけでなく，社内の**秘密情報の流出**のリスクあり

引抜きの方法や態様によっては，引抜きも違法

引抜き行為の違法性（社会的相当性を逸脱するか否か）の判断要素	① 引き抜かれた従業員の会社における地位，会社内部における待遇
	② 引き抜かれた従業員の人数
	③ 引抜きが会社に及ぼした影響
	④ 引抜きの際の勧誘方法，態様（秘密性，計画性など）
	⑤ 会社に対する害意（顧客奪取目的，営業妨害目的など）の有無
	⑥ 引き抜かれた従業員の意思（自発性の有無）

図表7-2　引抜き対策

引抜き予防策

① **リテンション・プラン**
　➤ インセンティブとしてのストック・オプション（Scene 4参照）や福利厚生
② **競業避止義務**
　➤ 職業選択の自由とのバランスに注意

引抜きによる情報流出予防策

秘密保持義務

引抜きによる情報流出への事後対応策

① **損害賠償請求：違法な引抜き行為から生じた損害の賠償を請求**
　➤ 賠償の対象は限定的：従業員が在職していれば会社が得られたであろう利益（**逸失利益**）（注）

② **差止請求：進行中の違法な引抜き行為の中止を請求**
　➤ 法的根拠や要件が不明確で，認められにくい
　➤ 対象は当該引抜き行為自体であり，従業員の転職を止めることは不可

（注）裁判例では，**逸失利益のうち，代替従業員を補充するまでの合理的な期間に対する部分しか損害と認められない**例が多い

Ⅰ．転職の自由とリテンション・プラン

　スタートアップは，通常，高い志や能力のある何人かのキーパーソンを軸にしてビジネスを立ち上げます。もちろん，キーパーソンがずっと会社に残り会社の成長を支え続けるのは１つの理想的なストーリーですが，各人には職業選択の自由が保障されているため（日本国憲法22条１項），色々な事情からキーパーソンが転職し，会社を離れることがあるのも現実です。

　そこで，取締役や従業員の知識やスキル等が特に重要なスタートアップでは，平素から，取締役や従業員の離職を招かないようにするためのリテンション・プラン（人材引止め策）が重要です。代表的なリテンション・プランは，インセンティブ報酬としてのストック・オプションの付与（Scene 4参照）ですが，これを単に付与するだけではなく，どのようなベスティング条件にするのか（Scene 1参照）なども検討の余地があります。また，業績連動給与（役員報酬）制度を導入して，会社の長期的な業績向上に関心を向ける方法も考えられます。

Ⅱ．引抜き行為への対応策

　スタートアップで活躍する志や能力の高い人材は，他社にとっても魅力的に映るので，他社による引抜きを受けやすいともいえます。もっとも，他社による従業員の引抜きは，勧誘行為にとどまる限り，特段の違法性がなく，適切な競争の範囲内と考えられています。すなわち，冒頭の事例のように，従業員に高額な年俸を提示して勧誘が行われても，ただちに違法性が認められるわけではなく，引抜きによって当該人材が所属する会社に損害が生じることを認識しつつ，一斉かつ大量に引抜きを行うなど悪質性が高い場合に限って，社会的相当性の範囲を逸脱し違法になると考えられています[1]。

　そこで，会社としては，いざという時に備えて，上記のリテンション・プランのほか，在職中および退職後の競業避止義務や秘密保持義務を従業員に認識してもらうことが大切です。実務的には，⑴就業規則や雇用契約書に競業避止義務や秘密保持義務を記載するほか，⑵退職時には競業避止義務や秘密保持義務を記載した誓約書の提出を求めるのが一般的です。

図表7-3 競業避止義務による引抜きの予防

> **競業避止義務とは**
>
> **在職中に担当していた業務に関して，**
> ① **競合他社に就職し，または役員として就任することの禁止**
> ② **自らまたは第三者をして競合事業を行うことの禁止**

なぜ競業避止義務を定める必要があるのか？

> ➤ 在職中の従業員は，労働契約に付随する義務として，当然に競業避止義務を負うと解されるが，**退職後の従業員は，当然に競業避止義務を負うものではない**
>
> ➤ 競業避止義務を定めておけば，従業員が引抜きにあった場合に，他社の引抜き行為のみならず，当該従業員の転職行為（競業行為）についても責任を問う余地が生じる（注）

> **明文化とエビデンスが必要**
>
> ① 就業規則および雇用契約書に退職後の競業避止義務を規定
> ② 退職する従業員から競業避止の誓約書を取得

ただし，職業選択の自由との関係で，競業避止義務には限界あり（図表7-4）

（注）東京地判平19（2007）・4・24労判942号39頁（ヤマダ電機事件）は，退職後の競業行為によって前使用者の営業が相対的に不利益を受けることなどをふまえて，**競業避止条項の違反に基づく損害賠償請求**を認めた

図表7-4 競業避止義務による引抜きの予防と事後対応

競業避止義務の限界

義務の内容	職種の範囲	競合他社への転職を一般的・抽象的に禁止することは不可 ※ 従業員が在職時に関与していた業務内容に限定するほうが有効性が認められやすい
	期間	業界ごとの相場もあるが，裁判例では，退職後1~2年程度は有効とするものが多い
	場所的範囲	合理的な範囲に限定する必要あり ※ 全国チェーン店を展開する会社につき，場所的限定がなくとも有効性を認めた裁判例あり
使用者の利益・労働者の不利益		使用者側：営業秘密の保護，取引先や下請業者などとの関係の維持等 労働者側：転職できない労働者側の不利益
代償措置		必ずしも代償措置（金銭的補償等）を講じる必要はない ※ 在職中，給与面で相当の厚遇を与えていたことによって有効性を認めた裁判例あり

競業避止義務違反の行為に対する法的措置

差止請求	損害賠償請求
進行中の**競業避止義務違反行為の中止**を請求	競業避止義務違反行為によって**会社に生じた損害の賠償**を請求

Ⅲ．競業避止義務による引抜きの事前対応策

　引き抜かれた従業員や転職者が，ライバル企業や転職先で自社と同じビジネスを行うと，会社にとっては大きな痛手です。そこで，元従業員や転職者が競合する業務を行うことを禁止する競業避止義務を課すことが考えられます。退職後の従業員は，当然には競業避止義務を負わないことから，競業避止義務の明文化とエビデンス（証拠）としての書面化が不可欠です。

　もっとも，職業選択の自由は重要な権利であるため，元従業員や転職者に競業避止義務を課すとしても限界があります。競業避止義務の有効性は，さまざまな要素を考慮して総合的に判断されますが，要するに，競業避止義務を課すことで守られる使用者の利益（営業秘密の保護，取引先や下請業者等との人的関係の維持等）と労働者の転職の自由とのバランスを考え，競業の禁止が必要最小限の制限であることを合理的に説明できるかどうかがポイントになります。裁判例には，競業避止義務の期間を退職後1～2年程度とするものが多く，裁判所が競業避止義務を認めるとしても謙抑的である傾向が強いといえます。

　なお，競業避止義務の有効性の考え方は国や地域によってさまざまであり，そもそも競業避止義務を認めない国や地域もあるため[2]，海外在住の従業員を雇用する場合や海外子会社等において従業員を雇用する場合には，当該従業員の労務提供地の法律が適用される可能性に留意する必要があります。

Ⅳ．競業避止義務違反行為への事後対応策

　元従業員や転職者が競業避止義務に違反している場合，会社との間で合意した事項に反する債務不履行を理由として，競業避止義務違反行為の差止や損害賠償請求をすることが考えられます。差止請求は，進行中の競業避止義務違反行為の中止を請求するものであり，損害賠償請求は，元従業員らの競業行為によって会社に生じた損害を請求するものです。

　もっとも，上記のとおり，裁判例は競業避止義務を認めるとしても謙抑的であって，差止請求や損害賠償請求を限定的に考えている[3]ので，実務上は競業行為を完全に防ぐことはできません。離職者の競業を完全に止められないことを前提として情報を取り扱うなど，日常の業務から留意すべきでしょう。

図表7-5 引抜きによる秘密情報流出の予防

秘密保持義務の明確化

従業員は，労働契約に付随する義務として当然に秘密保持義務を負っていると解されるが，当該義務の対象となる情報の範囲は必ずしも明らかではない

契約による明文化と明確化が必要
① 就業規則および雇用契約書に秘密保持義務を規定
② 部署異動や退職時に，従業員から誓約書を取得
③ 秘密保持義務の対象や内容を明確化

文書であらかじめ定めておくべき秘密保持義務の内容

不作為義務	①	第三者への開示または漏洩の禁止
	②	目的外使用の禁止
	③	社内からの持出し（個人用PCへのデータの送信や複製を含む）の禁止
作為義務	④	退職時の**情報廃棄義務**および**情報返還義務**
	⑤	秘密漏洩等があった際の**報告義務**
	⑥	一定の場合に**秘密保持契約を締結する義務**
その他	⑦	秘密保持義務に**違反した場合の措置**（差止請求や損害賠償請求）
	⑧	具体的な**秘密保持期間**（無期限を避ける）

図表7-6 秘密情報流出に対する事後対応

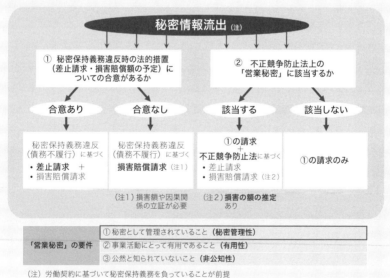

「営業秘密」の要件	①秘密として管理されていること（**秘密管理性**）
	②事業活動にとって有用であること（**有用性**）
	③公然と知られていないこと（**非公知性**）

（注）労働契約に基づいて秘密保持義務を負っていることが前提

V．秘密保持義務の定め方

　万一，従業員が他社に引き抜かれた場合には，当該従業員を通じて，会社の秘密情報やノウハウが競合他社に流出するリスクがあります。スタートアップの場合には，固有の技術や新しいアイデアでビジネスを立ち上げることも多いので，秘密情報の流出はビジネスに大きな影響を与えかねません。そこで，いざという時に備えて，従業員に秘密保持義務を負わせるのが一般的です。

　秘密保持義務を定める場合に，義務の対象となる秘密情報の範囲を抽象的または広範に規定すると，当該義務は無効になる（または，当該情報が秘密保持義務の対象であると認められにくくなる）と理解されています。そこで，秘密保持義務を課す場合には，会社の保有する機密性の高い情報を洗い出し，秘密保持の対象となる情報を契約上にできるだけ具体的に列挙するなどして，その範囲を明確にすることが望ましいといえます。

　なお，秘密保持誓約書は，実務上，①入社時はもちろんのこと，②退職時，さらには，③部署異動時や④特定のプロジェクト参加時など，従業員が新しく秘密情報に触れる場面ごとに差し入れてもらうことができれば効果的です。

VI．不正競争防止法による保護

　不正競争防止法は，①秘密管理性，②有用性および③非公知性の３要件を満たす情報を「営業秘密」として保護しています（同法２条６項）。そこで，当事者間の合意に基づく秘密保持義務への違反を問うことができないようなケースでは，不正競争防止法に基づき，差止（同法３条）や損害賠償（同法４条）を請求することも考えられます。不正競争防止法の規定による場合，同法５条に基づき会社が被った損害の額が推定されるため，会社側に有利といえます。

　なお，従前，裁判例が「営業秘密」の要件としての①秘密管理性をとても厳しく捉えてきたので，①秘密管理性の要件を満たさず，そもそも「営業秘密」であると認められないとされる事例が多数存在しました。そこで，近時の経済産業省「営業秘密管理指針」[4]では，①秘密管理性の要件について，秘密管理意思に基づいて合理的な秘密管理措置が取られているか否か，という柔軟で合理的な考え方が示されています。

■注

1　たとえば，大阪地判平14（2002）・9・11労判840号62頁（フレックスジャパ
　ン・アドバンテック事件），東京地判平3（1991）・2・25判タ766号247頁（ラク
　ソン等事件）参照。

2　世界には競業避止義務の有効性を厳しく考える国もあるため，注意が必要です。
　たとえば，米国カリフォルニア州では，法令上競業避止特約が一般的に禁止され
　ています。また，中国では，競業制限の期間は2年以内でなければならず，競業
　制限期間内は，毎月，経済的な補償が必要とされています。

3　たとえば，大阪地判平15（2003）・1・22労判846号39頁（新日本科学事件）は，
　医薬品等の治験を請け負う会社からの退職時の競業避止義務の効力が争われた事
　案において，同業他社への転職の制限がもたらす不利益が大きいことのほか，「従
　業員が秘密保持義務を負担する限り，他の製薬会社に情報を漏えいする危険性が
　高いとはいえず，（中略）転職を制限する必要性も大きいとはいえない」として，
　競業避止義務の有効性を否定しました。

4　経済産業省「営業秘密管理指針」（2019年1月23日改訂）
　https://www.meti.go.jp/policy/economy/chizai/chiteki/guideline/h31ts.pdf

株式会社MTG Ventures　代表取締役

藤田　豪

聞き手：弁護士　清水　亘

● 朝早くからありがとうございます。藤田さんは，初めてお会いし
たときに「10年後に何をしていますか。」とご質問くださって，
私自身のベンチャースピリットを思い出させてくださった恩人で
す。早速ですが，自己紹介と貴社の事業の内容を改めて教えてく
ださい。

ははは。そうでしたね。私自身は，もともとはJAFCO（ジャフコ
グループ株式会社）でベンチャーキャピタリストの仕事を始めて，今
年で23年になります。2018年にMTG Venturesに参りました。

これまで，MTG Venturesは，Beauty Tech，Wellness Tech，
Food Tech，Sports Techの4ジャンルを中心に投資してきました。
現時点での投資先は，21社です。今後は，株式会社MTG（「MTG」）
が掲げる事業ビジョンである「VITAL LIFE」を実現するスタートア
ップへの投資に幅を広げていきたいと思っています。

● 貴社は，MTGのCVC（コーポレート・ベンチャー・キャピタル）
としての側面をお持ちですが，CVCの役割はどのようなものだ
とお考えですか。

いくつかの役割があると思いますが，本体である事業会社とスター
トアップとの間の通訳をするのがCVCの役割だと思います。たとえ
ば，事業会社とスタートアップではお金に関する考え方も時間の概念
も意思決定の仕方も違います。これをつなぐのがCVCの役割だと考
えています。

もちろん，投資も，CVCの役割の1つです。投資の仕方としては，
本体である事業会社とのシナジーを重視するCVCもあれば，ファイ
ナンシャルリターンを重視するCVCもあります。弊社も，創業当初

は，ファイナンシャルリターンを重視していました。最近は，MTG
の事業分野が拡大してブランドが増えてきたことによって，弊社の投
資先と MTG とが競業できるケースも出てきています。

● **投資先を選ぶ際には，MTG とのつながりを考慮なさるのですか。**
　ご存知のように，事業のシナジーは簡単には出ません。また，
MTG 自体にオーナー企業であるという側面があり，スピード感をも
って変化していきますので，シナジーの出そうな事業を探すのも容易
ではありません。そこで，MTG との関係は，たとえば，Google
Home の例における，Google と Google Ventures のようなイメージ
でやっています。Google Home の基礎にあるのは Nest 社の技術で
すが，Nest 社はもともと Google Ventures の投資先でした。それが
Google 本体のビジネスの方向性と一致するということで Google 本
体が買収するに至ったのです。弊社の場合も，今後は，MTG の掲げ
る "VITAL LIFE" の方向性にはまりそうな，そうでなくとも，MTG
の方向性から大きく外れない範囲内で，今後成長して上場まで行ける
と思えるスタートアップに投資をしていきたいと思います。弊社は，
基本的には，M&A ではなく，上場がスタートアップのエグジットの
目標であるべきと考えています。結果的に，MTG と競業できるスタ
ートアップが出てくることもあるかもしれません。

● **どのようなところをご覧になって，投資先をお決めになるのです
か。**
　一番大切なのは，「起業家がどのような人であるか」です。アーリ
ーステージの，サービスもチームもできあがっていない段階のスター
トアップに投資をすることが多いので，投資後も初志貫徹できる起業
家であるか否かを見きわめる必要があります。その人の人生の中にお
ける起業の位置付けがハッキリしている人は，何があってもやりきる
だけの精神力や原動力を持っていることが多いです。そのうえで，可
能であれば，その人を支える人間が複数いるとなおいいです。

● そのような人物を見きわめるのは難しいのではないでしょうか。

はい，難しいです。頑張って見きわめようとしても，2〜3割しか当たりません。投資家にも経験が必要です。つまり，VCの投資成功確率と同じです。実際には，数回面談して，質問を繰り返して人物像を掘り下げていきます。その中に，筋が通っている人物がいます。たとえば，大学に行くのか行かないのか，小学校の休み時間に何をしていたのか，親との思い出はどのようなものか，いじめられていたのかなど，これまでの人生を振り返って，今，起業することとこれまでとの人生との間に一本の軸が通っている人は，うまくいくことが多いです。弊社として，技術を重視した投資もしてみたことがありますが，当初の想定よりは苦労しています。

いまはコロナ禍で難しいのですが，投資の前に，リアルで必ず何回か会うようにしています。もし可能であれば，実際に会社を訪問します。会社には，会社の「文化」を表す，色々なものがちりばめられているからです。

● ところで，東京ではなく，名古屋でVCをなさっているメリットは何でしょうか。

JAFCOのときに，新卒で配属されたのが名古屋だったのがご縁の始まりです。東京のJAFCO本社に行ったこともありますが，2005年に名古屋に戻って以来，ずっと名古屋です。2005年当時の名古屋はというと，スタートアップという言葉を耳にすることもありませんでしたし，上場を目指す会社も少なかったです。

名古屋の良さは，経済規模の割にコミュニティが小さいことです。すぐに色々な人につながりますし，スピード感をもって色々なことに取り組むことができます。また，派閥のようなものもないので，足を引っ張る人がいないのも良いところだと思います。昨年内閣府に認定された「Central Japan Startup Ecosystem Consortium」というコンソーシアムができましたので，今後，何年かかけて，コンソーシアムの外にいる人をもっと巻き込んでいきたいと思っています。

● 東京との違いや距離感はいかがですか。

　スタートアップ側から見たときに，メンター的な相談のできる先輩経営者が少ないと感じています。急速に普及したオンラインでのミーティングをすることはできますが，ちょっとした相談などは，やはり難しいです。同じことは，経営者だけでなく，キャピタリストについてもいえますので，そのような方々を名古屋のコミュニティに引っ張っていきたいと思っています。

　また，名古屋は，以前から発信があまり上手ではありません。知事が旗を振っている「ステーション Ai（エーアイ）」構想は，スタートアップの創出・育成・展開を図るための中核支援施設を作って1000社のスタートアップを集めるという試みですが，1000社を集めるためには，日本国内のみならず，海外からもスタートアップを呼び込まなくてはいけません。そのためには，「なぜ名古屋なのか。」を伝えるための魅力の発信が必要なのです。

● 名古屋だから，地方だからという風にはお考えになっていないということでしょうか。

　はい，そのとおりです。名古屋には何でもあります。ただ，まだまだ，名古屋は注目されていないと思うのです。投資家や起業家予備軍には，名古屋に注目してほしい。そのために，名古屋グランパスと提携して，プロスポーツチーム×スタートアップ×地域課題のような取組みや，昨年度，経済産業省と提携して実施した，Ｂリーグチーム×チームのホーム商店街×学生のような取組みを行っています。

　また，名古屋に限らず，東海・中部・北陸地区にも目を向けたいと思っています。たとえば，コロナで観光客が来なくなり，農業の後継者不足，周囲に大学がないことによる過疎化などの課題が浮き彫りになった地方都市に対して，スタートアップから提言してもらう，という企画を2回やりました。色々なアイデアが出てきました。地方ではさまざまな課題が浮き彫りになっている一方で，そのような課題にはスタートアップのほうが取り組みやすい。東海・中部・北陸地区がこ

うした社会課題を解決するための実験場というような位置付けになってくると，面白いだろうと思っています。

● **日本全体として，現在のスタートアップを取り巻く環境をどのように考えていらっしゃいますか。**

　日本にVCが登場して50年経ちましたが，現在は，スタートアップを取り巻く環境として，最も良いです。スタートアップ向けの年間投資額は過去最高の約4千億円を記録し，お金は回るようになってきました。新聞にも，スタートアップに関する記事が毎日出ていますし，大企業もスタートアップに投資するようになりました。

　すなわち，現在は，お金もあるし，実証実験をやれる場所は増えている状態です。打席に立てる回数は増えていますから，ホームランを打てる可能性も高まっているのです。この環境に満足せず，視野を広げて，海外も見据えた経営をするスタートアップこそが，グローバルな会社になるのだろうと思っています。

● **なるほど。良いことばかりのようですが，改善すべきポイントは何があるでしょうか。**

　それは，起業家と投資家との間の情報格差だと思います。そもそも起業家と投資家との間には，情報の非対称性があるのです。であるがゆえに，起業家がよくわからないうちに，極端に不利な投資契約を締結させられてしまったり，非常に早い段階で過剰に多くの資本を投資家に握られてしまったり，身の丈に合わない資金調達をしたりする例があります。投資家にも問題がありますが，起業家も情報収集すべきだと思います。起業家は，先輩や周囲にいる経営者にヒアリングしたり，さまざまな投資家に意見を求めたりしても良いのです。もし私のところへ質問があれば，仮に弊社が投資をしなくても，スタートアップ業界全体が成長すればよいと考えて，お答えしています。CVCは，情報の非対称性を埋める役割を果たせると思います。

● 藤田さんの今後の取組み目標があれば，教えてください。

　まず，数年後にMTGが熱田神宮近くに本社を移転するのに合わせて，その敷地内に，スタートアップが集まれるインキュベーションを作りたいと思っています。そのための体制作りを準備していきます。

　2つ目に，最近始めた，子どもたちへの起業家教育を進めたいです。このことについては，清水さんともお話ししたことがあります。これまで，東海地区は，航空機産業や自動車産業などが隆盛を誇っていましたので，スタートアップが必要のない地域でした。しかし，コロナ禍で航空機産業に影響が出たり，自動車業界が大変革期を迎えたりと，時代の変化とともに，産業も変化します。そこで，子どもたちには，大企業に就職するだけではなくて，起業という選択肢もあるのだということを教えたいです。小学校5年生から中学校1年生くらいまでの子どもに起業について教えて，おぼろげながらにでも，将来のキャリアを考えてほしいと思っています。

　起業をした元スポーツ選手の方々が既になさっているように，これからの時代は，いわゆるデュアルワークのように，同時にさまざまなことをする生き方が主流になるはずです。子どもたちには，2足目3足目のわらじとして，起業家という選択肢があることを教えたいと思っています。

● 起業家教育，ぜひやりましょう。本日は，ありがとうございました。

（2021年6月1日（火）9時00分〜9時40分）

第 3 章

事業の展開と成熟

Scene 8 まだ見ぬ新ビジネスに果敢に挑む

　AMTの開発陣は，汎用型AIロボットの構想の実現化に向けた研究を引き続き進めていたものの，AMTの今の技術では，近い将来での実現はやはり見通せない状況にあった。安藤は，機能や場面を限定して，汎用型ロボットよりも難易度の低い機能特化型ロボットの設計開発を行うべきではないかと主張し，開発中の技術を用いて，AIが使用者の状況を把握しつつリハビリや運動の支援や補助を行う介護サービス向けロボットの開発に舵を切ることを提案した。鞆津は，医療・介護用の器具には法令上厳しい規制があるのではないかと指摘したが，まずは実現可能性を調査するための検討を開始することにした。3人は，顧問である小倉弁護士に，医療・介護分野における既存の法規制と，法令解釈のグレーエリアで事業を営むリスクを軽減するための方策などについて相談することにした。

Point

- ●新しい考えを含んだビジネスの実現には，考えが新しければ新しいほど，それまで配慮されてこなかった法規制が壁になることがあります。
- ●法規制の検討にはまず弁護士等の外部専門家を有効に活用すべきですが，有益なアドバイスを得るための工夫と留意点があります。
- ●所管省庁への照会も有用です。現在では，新たなビジネスへのチャレンジを支援する観点から，法規制の適用の有無を事前に確認できる「グレーゾーン解消制度」，企業単位で法規制の特例措置を認める「新事業特例制度」，地域単位の規制緩和特例を認める「特区」などが用意されており，こうした制度の活用も検討する価値があります。

図表8-1　新しいビジネスと法規制の検討（概要）

■ 新しいビジネスを始める場合，どのようなステップで法規制の検討を行うのか

法的課題の洗い出し	① 新ビジネスの仕組みを，外部からも容易に理解できるようにさまざまな視点から可視化，必要に応じて図式化 ② 検討中の新ビジネスに類似した先行事例（海外を含む）を調査して法規制・法的課題を洗い出し ③ 必要に応じて，**外部専門家に相談・調査依頼**
課題の絞り込み	※ **初期段階**では，**ビジネスの根幹となる重要部分**の法規制（違法性）の有無のみに絞ることも必要
対応策の検討	① 外部専門家の活用 ② 所管省庁への照会（電話・面談） ③ 行政庁の制度の活用 　・ 法適用等の有無を確認する制度 　・ 法規制の特例を求める手続

図表8-2　対応策の検討／①外部専門家の活用

新しい考え方を含んだビジネスほど法規制の検討も難しいことが多い	**外部専門家（弁護士など）を効果的に活用**することは法的課題への対応策を検討するうえで非常に有用

メリット	
①	専門家の豊富な経験を活用し，社内検討での見落としの有無を確認
②	容易に結論が出ない微妙な問題も，専門家の守秘義務のもとで，リスクの程度や回避方策などを具体的に分析してもらうことが可能
③	平素から信頼関係があるクライアントに対しては，踏み込んだ実践的なアドバイスもあり得る

留意点

有益な回答を得るためには，ビジネスの仕組みを具体的に説明し，専門家と問題意識をきちんと共有したうえで検討を依頼することがポイント

Ⅰ．法規制検討の視点

　新しいビジネスが法規制上実現可能であるかを検討する局面は，それが新しい考え方を含んだビジネスであればあるほど多く発生しますが，ビジネスのどの部分に法的リスクがあるのかを把握すること自体が簡単ではありません。

　法的問題点を洗い出すためには，検討しているビジネスの仕組みを，外部からも容易に理解できるようにさまざまな視点から可視化する[1]ことが重要です。その分析をふまえて社内でまず実施可能なこととしては，類似した先行事例を調査したり，関連業界団体が公表している法規制情報を収集したりすることが考えられます。国内では全く新しいビジネスだとしても海外に類似事例がある場合は，法制度に違いはあるものの，海外で何か法的な問題点が指摘されていないかをチェックすることも有用です[2]。

　コストや効率性の観点から，初期段階においては重要な法規制にポイントを絞って検討すべきですが，ビジネスの根幹となる部分に違法性の問題が後日発覚すると事業に重大な影響が生じるため，必要に応じて外部リソースも活用し，早期に問題点を認識して対応策を講じておくことが重要です。

Ⅱ．弁護士等の外部専門家への相談

　関連する業界にアドバイスした経験等を有する弁護士に意見を求めることは通常有用ですが，弁護士は法律の専門家であってもビジネスの専門家ではないので，有益な回答を得るためにはビジネスの仕組みを具体的に説明し，問題意識を共有したうえで検討してもらうべきです。弁護士の豊富な経験を活用することにより，社内検討において見落としている視点がないかといった確認も可能です。また，弁護士との相談は守秘義務を保って二者間のみで行われるため，容易に結論が出ない微妙な問題についても，リスクの程度や回避方策などについて具体的に分析をしてもらうこともできます。なお，法規制に関するアドバイスは多くの弁護士が日常的に行っているものですが，信頼関係が構築されているクライアントとの間では，より踏み込んだ実践的なアドバイスがしやすいという側面があるので，日頃から信頼して相談できる外部弁護士とのコネクションを有しておくことは，さまざまな局面において非常に有用です。

図表8−3　対応策の検討／②所管省庁への照会

- 法令の所管省庁が分かる問題点の場合，**所管省庁の担当部署に電話や面談で照会を行う**ことも有益

照会によって 得られる情報	・ **法規制に関する情報収集** ・ 所管省庁の**当該問題点に関する見解**を聴取 ・ 所管省庁から**今後の動向等**についても情報収集

メリット	所管省庁から明確な回答があれば，**リスクを最小化**できる

留意点
・ 所管省庁は基本的に質問に対応するだけで，**見落としの指摘等はない**こともある ・ 外部専門家に照会を依頼すれば，守秘義務のもとで，相対的に深い情報を入手できたり，企業名を明らかにせずに情報を入手できたりする可能性あり ・ 微妙な問題については明確な回答が得られない場合あり

図表8−4　対応策の検討／③行政庁の制度の活用（その1）法適用等の有無を確認する制度

	ノーアクションレター制度 （法令適用事前確認手続）	グレーゾーン解消制度 （2014年産業競争力強化法創設）
制度の 概要	適用対象かどうかを確認したい法令の条項を特定して照会・確認する正式な手続	具体的な事業計画に即して，規制の適用の有無を，事業所管省庁を通じてあらかじめ確認できるようにした制度
対象法令	各省庁が指定したものに限る	範囲に限定なし
照会先	法令を所管する省庁ごとに行う必要あり	事業所管省庁経由で規制所管省庁に照会可
その他	・ 基本的には法令適用の有無について回答されるのみ ・ 原則として30日以内に回答 ・ 照会・回答内容は原則として公表	事業者の相談内容をふまえて事業所管省庁が一定のサポートを提供

Ⅲ．所管省庁への照会

　次に，法令の所管省庁がわかっているような問題点である場合は，所管省庁の担当部署に電話や面談で照会を行い，法規制に関する情報収集を行うとともに，所管省庁の当該問題点に関する見解を聴取することも考えられます。

　所管省庁は法規制の現状や今後の動向等について豊富な情報を有しているので一般的には最も有用な情報ソースの1つであると考えられます。もっとも，所管省庁は基本的には聞かれたことに対応するだけであり，また微妙な問題については明確な回答が得られないことも多く，一定の回答が所管省庁の担当官から口頭で得られたとしても，それが所管省庁としての公式見解であり今後も変わらないとは必ずしも言えないことから，その回答の射程範囲やどこまで依拠できるかについては慎重に検討する必要があります。所管省庁への照会に弁護士を活用することも有用です。

Ⅳ．行政庁の制度の活用（その1）

　法令の解釈や適用範囲を確認するための公式な手続として，2001年の閣議決定に基づき導入されたノーアクションレター制度（法令適用事前確認手続）と，2014年に施行された産業競争力強化法によって設けられたグレーゾーン解消制度があります。どちらも回答内容は原則として公表されます。

　ノーアクションレター制度とグレーゾーン解消制度の違いは，まず，前者は手続の対象となる法令が各省庁により特定（限定）されているのに対し，後者は対象法令に限定はないという点です。また，前者は法令を所管する省庁ごとに問い合わせる必要があるのに対し，後者では事業所管省庁を経由して規制所管省庁に対して規制適用の有無を確認できるため，複数の法令が関係するような場合は手続が簡略化されます。さらに，前者では基本的には法令適用の有無等について回答されるだけですが，後者では事業者の相談内容をふまえ事業所管省庁が必要なサポートを行うこととされています。

　このようにグレーゾーン解消制度にはこれまでの仕組みではなかった特徴があり，利用実績も積みあがってきているようです[3]。制度の特徴をふまえ，所管省庁への通常の照会や各種制度を適切に使い分けることが重要です。

図表8-5　対応策の検討／③行政庁の制度の活用（その2）法規制の特例を求める手続

新事業特例制度（2014年産業競争力強化法）

- 新事業活動を行おうとする事業者による規制の特例措置の提案を受けて，安全性等の確保を条件として，企業単位で規制の特例措置を認める制度
- 企業ごとに照会・申請可能
- 正式申請後，原則として30日以内に回答が得られる

プロジェクト型「規制のサンドボックス」
(2018年生産性向上特別措置法)（注）

- 参加者や期間を限定することなどによって，新しい技術等の実証を行うことができる環境を整備し，迅速な実証および規制改革につながるデータの収集を可能とする制度

（注）2021年に産業競争力強化法に移管

図表8-6　対応策の検討／③行政庁の制度の活用（その2）法規制の特例を求める手続（続）

- 地域単位の規制緩和の特例（「特区」）

構造改革特区（2002年に導入）

- 地方自治体単位
- 一旦措置がなされた規制改革事項であれば全国どの地域でも活用可能な制度

総合特区（2011年に導入）

- 地方自治体単位
- 地域の特定テーマの包括的な取組みを，規制の特例措置に加え，財政支援も含め総合的に支援する制度
- 地域力の向上を目的とした「地域活性化総合特区」と，国際的な競争力をもつ産業を育てる目的の「国家戦略総合特区」がある

国家戦略特区（2013年に導入）

- 「区域」単位（広域圏での認定も可能）
- 活用できる地域を厳格に限定し，国の成長戦略に資する岩盤規制改革に突破口を開くことを目指した制度
- 税制・金融上の支援措置あり

Ⅴ．行政庁の制度の活用（その２）

　現行の法規制では違法となり得る事業であっても，一定の条件のもとに企業単位で特例措置を認めてもらうための制度として，新事業特例制度，プロジェクト型「規制のサンドボックス」およびいわゆる「特区」があります。

　新事業特例制度とは，グレーゾーン解消制度と同様に2014年に施行された産業競争力強化法によって創設された制度であり，新事業活動を行おうとする事業者による規制の特例措置の提案を受けて，安全性等の確保を条件として，企業単位で規制の特例措置を認めるものです。企業ごとに照会・申請が可能であり，正式申請後原則１カ月以内に回答が得られます。こちらもグレーゾーン解消制度ほどではありませんが，既に多くの実績があります。

　企業単位の特例制度には，2018年に施行された生産性向上特別措置法によるプロジェクト型「規制のサンドボックス」という仕組みもあります。参加者や期間を限定すること等により，既存の規制にとらわれることなく新しい技術等の実証を行うことができる環境を整備することで，迅速な実証および規制改革につながるデータの収集を可能とする制度です。これは基本的には実証実験を迅速に行うための制度ですが，スタートアップのビジネスにおいても活用が期待されます[4]。

　また，地域単位の規制緩和の特例である，いわゆる「特区」については，2002年に導入された構造改革特区，2011年に導入された総合特区，2013年に導入された国家戦略特区という３つの制度があります。国家戦略特区では現在10地区が認定されており，300を超える認定事業[5]が行われています。規制緩和の特例措置の例にはさまざまなものがあり公表されているので，実際に特区の活用を検討する場合だけでなく，どのような規制が新規ビジネスの問題となっているのかを把握する意味でも参考になると思われます。なお，国家戦略特区には税制上および金融上の支援措置が設けられており，スタートアップであれば，スタートアップおよび中小企業等を対象とした融資の利子補給制度を活用することも可能です。

■注

1 　具体的には，当該ビジネスにおける仕入先，顧客，業務委託先などとの関係性や，お金の流れがどうなっているのか，ビジネスにおいて最も重要な根幹部分（ビジネス価値の源泉）はどこか，代替可能性のない部分はないかなど，可能な範囲で（たとえば図式化するなどして）整理分析することが考えられます。

2 　海外では法規制にグレーな部分があってもとりあえず事業化を進め，実際に問題が指摘されてから対応しているように見える事例も散見されるため，法的問題点が可視化されやすく，法規制チェックの先例として参考になる面もあります。

3 　2021年9月末時点における，経済産業省が主務大臣となった案件でのグレーゾーン解消制度の回答実績は累計で196件となっています（経済産業省資料）。

4 　2021年2月に成立した産業競争力強化法の改正によって，規制のサンドボックスは生産性向上特別措置法から産業競争力強化法に移管され，恒久化されました（経済産業省「『産業競争力強化法等の一部を改正する等の法律』の一部が施行されました」（2021年6月16日））。

　　https://www.meti.go.jp/press/2021/06/20210616004/20210616004.html

5 　規制緩和の特例措置の例としては，古民家等の歴史的建築物に関する旅館業法の適用除外（篠山市，養父市），地域における自家用車を使った有償運送サービス（養父市，愛知県），試験や創薬のためのiPS細胞から製造する試験用細胞等の製造への血液使用の解禁（京都府），テレビ電話を使った薬剤師の服薬指導の解禁（千葉市，養父市，福岡市，愛知県）などさまざまなものがあり，実際に特区の活用を検討するだけでなく，どのような規制が問題となっているのかを把握する意味でも参考になると思われます。

Scene 9 共同創業者が離脱を考える

　毛利は，AMT の目指す方向性に違和感と不信を覚え始めていた。汎用型 AI ロボットの開発は，現在の AMT の技術では実現が困難であり，安藤と鞆津（ともつ）は，より現実的なプロダクトの開発に向けた方針へと舵を切りつつある。けれど，開発が難しいのは当初から想定されていたことだ。開発が難しいからこそ，継続しなければならないという思いがある。それが AMT の創業の志であったはずだ。ある日，毛利は，安藤に，AMT の取締役を辞任したいと切り出した。

　「俺は今の事業の方向性には賛同できない。俺たちの創業の志を忘れたのか。そんなに簡単に目標をあきらめてよいのか。俺には理解できない。悪いが AMT を抜けさせてもらおうと思う。今日からちょうど 1 カ月後に，**取締役を辞任**する。株式を持ち続けるつもりもないから，好きなように処理してくれて構わない。ただ，ベンチャー・キャピタル（VC）との投資契約には，取締役の**辞任禁止規定**もあったから，一度，話さなくてはいけないと思っている」

　安藤と鞆津は反発した。

　「これからが大事なときなのに，辞めるなんて無責任すぎます！」

　「勝手にすればいいと思う。けれど，私たちを信じてお金を出してくれた投資家がいる。責任はとってもらう」

　翌日，安藤と鞆津は，小倉弁護士の事務所の受付で落ち合った。鞆津は，VC との投資契約だけでなく，3 人の**創業者株主間契約**も全部確認してみる必要があると思っていた。「『鉄の結束』だったはずなのに……」と安藤が小さく呟いた。

Point

- 創業者株主が離脱する際の株式の処理については，創業者株主間契約にあらかじめ定めておくことが重要です。また，VC などからの出資の際に締結した投資契約との優先関係にも留意する必要があります。
- ストック・オプションの行使条件としては，通常，行使時まで取締役として在任していることなどが必要とされます。

図表9-1　共同創業者の離脱に伴う諸問題

> 経営方針を巡る対立などを理由に創業者が離脱する
> 場合には，以下の問題あり

① **創業者株主間契約**に基づく**株式の処理**

② **投資契約**などにおける経営者の**辞任禁止規定の有効性**

③ **投資契約**などに基づく**株式処理**

④ **ストック・オプションの処理**

⑤ 取締役の解任および従業員の解雇

　　➢ 退職慰労金を支払うか否か，という問題もあり得る

図表9-2　① 創業者株主間契約に基づく株式の処理

> **創業者株主間契約に規定すべき内容**

・**共同創業者が離脱する場合の株式の処理**も規定すべき

・離脱後も一定の株式保有を認める「リバースベスティング条項」
　（Scene 1参照）もあり得る

・離脱などの場合の株式譲渡の具体的な手続を定めるのが通常

> **創業者株主間契約における、共同創業者が離脱する場合に関する規定例**
>
> いずれかの当事者が，**会社の役員および従業員のいずれの地位をも喪失し
> た場合**には，その喪失の理由を問わず，地位喪失当事者は，他の当事者の
> 請求に基づき，他の当事者またはそれらの者が指定する第三者に対し，**地
> 位喪失当事者の保有する株式の全部を譲渡**する。ただし，他の2人の当事
> 者いずれもが当該請求を行った場合には，地位喪失当事者の保有する株式
> の2分の1ずつを譲り受ける。

Ⅰ．共同創業者の離脱に伴う諸問題

　スタートアップは，多様な知見を有する仲間が集って，共同で創業することが多くあります。創業者らは，設立時の発行済株式を互いに持ち合って会社を設立して株主となる（創業者株主）だけでなく，設立時の取締役に就任することも多いので，「経営株主」とも呼ばれます。創業者らは，エンジェル投資家やVCなどから投資を受けたり，役員や従業員向けのストック・オプションの発行を行ったりした後も，大きな割合の株式を保有し続けるのが一般的です。

　ところが，スタートアップの経営方針や将来の方向性をめぐる意見の相違などによって，共同創業者から離脱者が出ることも少なくありません。創業者は，創業者株主間契約やVCとの間の投資契約などの当事者として拘束されていますから，そのような場合には，離脱する創業者の保有する株式などの処理について，慎重に対応する必要があります。

Ⅱ．①創業者株主間契約に基づく株式の処理

　創業者株主間契約では，創業者の１人が退職して役員または従業員の地位を喪失する場合を想定して，株式の処理を定めるのが通常です。一般的には，①離脱する創業者から他の創業者や会社などが株式の譲渡を受けること，および②株式譲渡の具体的な手続を定めます。また，③株式の買取時の価格の決め方も問題となります。なお，④離脱する創業者の従前の経営への貢献を考慮してリバースベスティング条項を置くこともあります（Scene 1参照）。

　これに対して，創業者株主間契約のような約束がなく，投資家との間にも創業者の辞任に関する書面による取決めがない場合（または，せいぜい関係者間の協議義務のみを規定している場合）などには，残留する創業者や主要な投資家との間で，離脱する創業者の株式の処理について交渉を行い，合意に至る必要が生じます。この交渉が成立しなければ，残留する創業者は，離脱した元共同創業者が一定の株式を保有する状態のまま，会社の経営を行うことになりますが，経営方針の相違や仲間割れなどのネガティブな要因で離脱した元共同創業者が経営に異議を唱えるリスクが残ります。

図表9-3 ② 投資契約におけるキーパーソン条項

キーパーソン条項とは
　投資家の事前承諾や正当事由なしに取締役を辞任できないとする条項
　➢ 投資契約などで定める

キーパーソン条項

- ・　スタートアップは，創業者の資質でビジネスの発展が左右される側面あり

- ・　投資家も，創業者が取締役などの立場で会社に貢献することに期待

- ➢　ただし，取締役の辞任を禁止した条項を無効とした裁判例あり
　⇒ 辞任禁止を合理的な期間内に限るなどの工夫が必要（下記パターン2）

投資契約におけるキーパーソン条項の規定例

パターン1	経営株主は，多数投資家の事前の書面による承諾なく，発行会社の取締役を辞任せず，また，定款上の取締役の任期満了時に発行会社の取締役として再任することを拒否しない。
パターン2	経営株主は，正当な事由に基づき業務を行うことができなくなった場合を除き，本件取引の実行日から3年間，発行会社の取締役を辞任することができない。

図表9-4 ③ 投資契約などに基づく株式の処理

投資家との間の契約に基づく処理

- ・　**投資契約や株主間契約**でも，創業者が取締役などを辞任する場合について定める場合あり**（重要な創業者が辞任することを防止する目的）**

- ➢　ただし
  - ①　**VCの持株比率が想定外に高くなって経営の障害になるリスク**
  - ②　**創業者株主間契約の株式買取りに関する規定が無意味になってしまうリスク**

- ➢　経営株主個人が，会社と連帯して買取義務という重い責任を負担する問題もあり

経営株主が取締役などを辞任する場合に関する投資契約の規定例

経営株主が取締役を辞任した場合，当該経営株主の保有する株式を，投資家（または多数投資家）の請求に基づいて，投資家側で買い取ることができ，または発行会社（もしくは他の経営株主）に当該株式を買い取らせることができる。

III. ②投資契約におけるキーパーソン条項

スタートアップは，特に創業者の個人的な資質などによりビジネスの発展が影響される側面が大きいことから，投資契約などにおいては，取締役の辞任を制限する規定（「キーパーソン条項」）を置くことが一般的です。

ただし，裁判例には，取締役の辞任を禁止する契約書の規定を無効としたものがあります（大阪地判昭63（1994）・11・30判時1316号139頁）。この裁判例については，会社と取締役との関係について述べたものであって，投資契約において辞任禁止を定めても問題ないという理解もあります[1]。実務的には，念のため，取締役の辞任を過度に制限するのではなく，たとえば，辞任禁止を合理的な期間内に限るなどの工夫をした制度設計が望ましいといえるでしょう。

なお，会社を離脱した元共同創業者に対して，①競合他社に就職しまたは役員として就任することを禁止したり，②自ら競合事業を営むことや第三者に競合事業を営ませることを禁止したりする競業避止義務を課すことも考えられます。ただし，その効力が万能でないことには留意が必要です（Scene 7参照）。

IV. ③投資契約などに基づく株式の処理

創業者が離脱する場合の株式の処理は，創業者株主間契約によって規律されるだけではなく，会社とその後のラウンドで投資をする投資家との間の投資契約または株主間契約においても規定されることがあります。たとえば，シリーズ A の投資家として VC が優先株式を引き受ける場合などには，当該 VC との間の投資契約または株主間契約において，離脱する創業者の有する株式を投資家や会社が買い取ることができるという規定を置きます。

このような規定が投資契約に定められている場合であって，当該規定が創業者株主間契約の規定の内容に優先するとされているときには，創業者の離脱に際して，当該投資契約の規定に沿った処理がなされます。

実務上は，キーパーソン条項への違反を端緒として，会社に株式買取義務が生じるようにする建付けが一般的と思われます。なお，この場合には，通常，残留する創業者は，会社と連帯して，株式買取義務を負うとされますが，個人が過剰な義務を負うことが適切かどうか，慎重な配慮が必要と思われます。

図表9-5 ④ ストック・オプションの処理

> **ストック・オプションを付与されたキーパーソンの離脱**

- ストック・オプション行使の条件:**「行使時まで役員または従業員などの立場を継続していること」**という規定が多い
- キーパーソン（役員または従業員）が離脱する意向を示した場合には,発行要項に従って,**会社が当該ストック・オプション(新株予約権)を無償取得**するのが通例

> **ストック・オプションの行使条件に関する発行要項の規定例**

本新株予約権を保有する者は,本新株予約権を取得した時点において,当該本新株予約権者が当社または子会社の取締役もしくは監査役などの役員または使用人である場合は,本新株予約権の取得時から権利行使時まで継続して,当社または子会社の取締役もしくは監査役などの役員または使用人のいずれかの地位にあることを要する。ただし,任期満了による退任,定年退職など,取締役会が正当な理由があるものと認めた場合にはこの限りでない。

図表9-6 ⑤ 取締役の解任および従業員の解雇

> **創業者や投資家との間の協議が紛糾した場合の最終手段**

共同創業者たる **取締役の解任**	取締役の解任は,**「正当な理由」**がなければ,取締役から**損害賠償請求を受けるリスク**
共同創業者たる **従業員の解雇**	日本の労働法では**解雇の要件が厳しく「客観的に合理的な理由」**が必要 ➢ 要件を満たすハードルは高い ➢ 通常は,解雇ではなく,退職勧奨という形で,従業員自らが辞職する判断を促し,なるべく友好的な解決を図ることが望ましい

> **役員退職慰労金**

役員を解任される場合には,**退職慰労金が支給されない仕組み**になっていることが通例

➢ 辞任か,解任かによって,この点でも取扱いが異なる可能性あり
➢ 取締役の任期を短くしておき,再任を求めない,という方法もあり得る

Ⅴ．④ストック・オプションの処理

　ストック・オプションは，通常，会社への貢献に対するインセンティブとしての意味を有しており，一般的に，役員や従業員に付与されます。また，税制適格ストック・オプションの要件としても，発行会社または子会社の取締役や使用人（従業員）などであることが必要です（Scene 4 参照）。そこで，スタートアップが発行するストック・オプションには，通常，リテンション（人材引止め）の観点から，権利行使の条件として，「行使時まで役員または従業員などの立場を継続していること」が定められています。これによれば，ストック・オプションを付与されたキーパーソンが離脱する意向を示した場合には，ストック・オプションを行使できなくなります。そして，このような場合については，募集事項（発行要項）にストック・オプションの取得に関する規定が置かれ，会社がストック・オプションを無償取得するのが通例です。

Ⅵ．⑤取締役の解任および従業員の解雇

　共同創業者は，創業者間の意見の相違によって離脱することがあります。これに対して，創業者間で意見に相違が生じているにもかかわらず，少数派の取締役が進んで辞任の意向を示さないこともあり得ます。そのような場合には，多数派は，少数派の取締役を解任することが考えられます。取締役の解任は，会社法上，特に理由がなくとも，株主総会の普通決議をもっていつでも行うことができます（会社法339条１項）が，解任に「正当な理由」がない場合には，取締役から会社への損害賠償請求が認められています（同法同条２項）。いかなる場合に「正当な理由」が認められるのかについて，今のところ実務上定まった解釈はありませんが，経営方針が食い違っただけの場合などには，「正当な理由」が認められる可能性はあまり高くないことに注意が必要です。なお，登記には解任の事実が記録されるため，解任によって，レピュテーション上，望ましくない事態が生じたり，上場準備の障害になったりする可能性も念頭に置く必要があります。

　なお，意見の相違する共同創業者が役員ではなく従業員である場合には，その解雇は，日本の労働法制上，非常に厳しく制限されています（Scene 2参照）。

1　当該裁判例は，株式会社と取締役とが委任の契約関係にあることから，当該関係はいつでも解除できると考えたものであり，また，取締役の重い責任（Scene１参照）にも着目して，辞任の自由は制限されるべきではないと判断しました。しかしながら，当該裁判例は，会社と取締役との関係において，取締役側の辞任の自由を奪うことはできないと判示したにすぎず，取締役相互間または取締役と株主との間において，同じような制限を課すことの是非については，直接には判断していないと考えることもできます。このことから，投資家との間の投資契約などにおいて取締役の辞任を一定程度制限する規定を置いた場合であっても，当該規定が即座に無効になるわけではないと考えるべきであるように思われます（石山卓磨・上村達男編『公開会社と閉鎖会社の法理（初版）』（商事法務研究会，1992年）270頁，森本滋『会社法－現代法学（第二版）』（有信堂高文社，1995年）223頁）。

Scene 10 大企業との協業を検討する

　安藤と鞆津，そして，小倉弁護士の説得により，毛利は AMT に残った。安藤と毛利とは，AMT の創業の原点をもう一度確認し合うために議論を重ね，その結果，ロボット躯体の設計開発を AMT 単独で行うのは困難であるため，外部に協力を求めるべきであるという結論に至った。そこで，毛利は，元職場の上司が現在勤務しているライトニング電子株式会社（「ライトニング社」）との共同研究開発の可能性を探り，連絡を取ってみた。元上司も，毛利と同じ時期に退職勧奨を受けて退社した仲間のひとりである。元上司は，毛利の申し出を歓迎してくれたが，共同研究開発を実施する条件として，①共同研究開発で得られた知的財産を全て共有にすること，②ライトニング社が設立したコーポレート・ベンチャー・キャピタル（CVC：Corporate Venture Capital）からの出資を受け入れること，③製品完成の暁には，ライトニング社に優先して供給することが条件であると言ってきた。毛利は，元上司の計らいに感謝しつつも，大企業らしい条件の提示に苦笑せざるをえなかった。

　3 人はライトニング社の提示した条件について議論を繰り返したが，安藤と毛利は，共同研究開発で得られた知的財産を全て共有にするという条件をどうしても受け入れることができなかった。やむなく，ライトニング社との共同研究開発はあきらめ，当面は，力のある他のスタートアップとのアライアンスなどを模索しつつ，自力でロボット躯体の設計開発を目指すことにした。

Point

- スタートアップが大企業と技術やビジネスの共同研究開発を実施すれば，研究開発のスピードを上げることができるなどのメリットがあります。
- 共同研究開発を実施する場合，共同研究開発契約を締結して，共同研究開発の成果知財の帰属や取扱いなどを合意します。
- 共同研究開発契約の締結交渉においては，両者が，協業のメリットを得つつ，ビジネスの自由度を制約されない落としどころを探すことがポイントです。

図表10-1　大企業とスタートアップとの協業

> **オープンイノベーションとは**
> 企業内部の知見と外部のアイデアを結合し，新しい価値を生み出すこと

	大企業	スタートアップ
目的	自前主義を脱却して外部の第三者と協力し，新技術の開発や新ビジネスの創出を目指す	大企業の知見や資金を活用して，さらなる成長を目指す
メリット	自社と異なる技術や視点を知り，新ビジネスを創出するきっかけとなる	それまで知り得なかった既存技術やビジネス慣行を知ることができる
	日進月歩の最新技術に関する知見や動向を短時間で知ることが可能	単独では困難な大規模開発へのチャレンジが可能
	研究開発のスピードアップ	大企業が設立したCVCからの出資や大企業によるM&Aのきっかけになる

> ➤ 互いに**対等のビジネスパートナー**であると常に意識することが重要

図表10-2　大企業とスタートアップとの協業（続）

大企業とスタートアップとの協業パターン

技術やビジネスの **共同研究開発**	大企業やCVCを通じたスタートアップへの **出資**	経営者，経営アドバイザー，顧問などの **派遣**（注）	**合弁会社 （JV）** の設立	**M&A （買収）**

（注）出資とセットの場合が多い

協業を成功させる工夫

お互いの立場の違いを理解し，相手をリスペクトして，**共通の利益を目指す**

- ✓ 相手への一方的な過度の期待や要求は禁物
- ✓ 大企業は既存事業とのバランスを重視しすぎない（重視しすぎると「イノベーションのジレンマ」に陥る）
- ✓ スタートアップは，大企業のものの考え方や意思決定のスピードを理解する
- ✓ 検証（PoC：Proof of Concept）を言い訳にしない
- ✓ 互いにリスクをとってチャレンジする気持ちを忘れない

Ⅰ．オープンイノベーション[1]としての協業

　近時，日本でも，「オープンイノベーション」の名のもとに，第三者と協力して新技術の開発や新ビジネスの創出を目指す動きが盛んです[2]。

　情報通信技術（ICT）やAIによって技術やビジネスの進歩のスピードが格段に速くなる中で，大企業が「手の内化」した技術や知見のみで新しい技術を開発したりや新ビジネスを創出したりするには限界があります。他方，スタートアップにしてみれば，先達である大企業から既存の技術やビジネスについて学ぶことができるのは千載一遇のチャンスです。

　そこで，昨今では，大企業とスタートアップとが対等なビジネスパートナーとして協業する例が増えています。もっとも，大企業とスタートアップとでは，通常，立場にかなりの違いがあるため，相手をリスペクト（尊重）して，共通の利益を目指すことが協業を成功させる秘訣といえます。

Ⅱ．大企業とスタートアップとの協業パターン

　協業にはいくつかのパターンがありますが，大企業が自らまたはCVCを通じてスタートアップへ出資（資金提供）をする場合には，同時に，経営者や顧問などの派遣や，一定の経営上の意思決定への拒否権等を条件とされることが少なくありません。こうした条件は，通常，投資契約に定められるところ，①経営者などの派遣は，スタートアップの創業者が経営面での助言を得られるというメリットがありますが，②何事にも大企業の承認を得ることが必要になって，スタートアップが経営の自由度を失う可能性もあります。したがって，投資契約の交渉時に慎重な検討が必要です（Scene 3，Scene 5参照）。

　また，合弁会社（JV：Joint Venture）を設立する方法もあります。合弁会社は，①出資者らの事業から独立して，新たな技術開発やビジネス創出に取り組むことができるだけでなく，②仮に事業化に失敗しても，リスクが合弁会社の範囲に限定されるというメリットがあります。もっとも，合弁会社は出資者から派遣された役員が運営するので，出資者の立場を代弁する役員らの意見対立によって意思決定が不可能になるリスクがあります。そこで，意思決定がデッドロックに陥った場合の対応については，合弁契約であらかじめ定めておくことが必要です。

図表10−3　大企業との共同研究開発

■ **共同研究開発契約の全体像**　※ 公正取引委員会「共同研究開発に関する独占禁止法上の指針」に注意

共同研究開発契約の規定（規定の内容，留意点等）	
① **契約当事者** （研究開発への参加者を決定）	⑥ **既存知財（BIP）の取扱い**
② 共同研究開発の**目的，対象**	⑦ 共同研究**開発期間**，契約期間
③ 当事者間の**役割分担** （業務分担と費用分担）	⑧ 共同研究開発**終了時の処理** （FIPの確認が必須）
④ 共同研究開発の**スケジュール，進捗管理**	⑨ **一般条項** （秘密保持，準拠法，紛争解決など）
⑤ **成果知財（FIP）の帰属と取扱い** （成果製品の取扱いを含む）	

費用負担の主な契約パターン

① 自らが担当する研究開発業務について，**自ら費用を負担**する方法
② 研究開発業務の分担にかかわらず，全当事者で**均等に負担**する方法
③ 当事者の**一部のみが費用を負担**する方法
➤ いずれのパターンによるかは，当事者の思惑や資金力次第

図表10−4　大企業との共同研究開発（続）

成果知財（FIP：Foreground IP）		
定義	共同研究開発によって新たに生み出された知的財産	
FIPの帰属に関する主な契約パターン	① FIPを生み出した当事者に帰属させる方法（いわゆる発明者主義） ② 研究開発業務の分担にかかわらず，**全当事者の共有***とする方法 ＊ 知的財産権の共有：自己実施は自由だが，第三者へのライセンスや譲渡は他の共有者の同意が必要とするのが通常	
FIPの取扱いに関する主な契約パターン	自己実施 ① 共同開発参加者は，自由に無償でFIPを使用できる ② FIP保有者は，自由に無償でFIPを使用できる。FIP保有者以外の共同開発参加者は，FIP保有者の同意がなければFIPを使用できず，使用時はFIP保有者に合理的な対価を支払う	第三者へのライセンス（使用許諾） FIP保有者は，他の当事者の事前の同意を得た場合のみ，FIPを第三者にライセンス（使用許諾）できる
既存知財（BIP：Background IP）		
定義	① **共同研究開発開始前から保有**，または， ② **共同研究開発と無関係に取得**した知的財産	
BIP	BIP保有者に帰属（基本的に，共同研究開発を実施しても移転しない）	
BIPの取扱いに関する主な契約パターン	① 共同研究開発の開始前にBIPの存在を他の当事者に通知 ② 他の当事者に対しては，合理的な範囲で通常よりも低廉な条件でライセンス ③ 共同研究開発終了後の交渉次第	

III．共同研究開発と成果知財（FIP：Foreground IP）

　共同研究開発は新技術の開発やビジネスの創出を目指す協業の一形態であり，成果知財（FIP）を生み出すことこそが共同研究開発の１つの目的です。

　この点，FIP が共有になれば，第三者へのライセンス（使用許諾）に他の共有者の同意が必要である（たとえば，特許法73条３項）などの制約が発生し，ビジネスの自由度が下がる可能性があります。そこで，実務上は，共有に代えて，レベニューシェアで目的を達成できないかなどを検討する価値があります。また，知的財産を特許出願するのか（出願の手続担当や費用負担を含む），ノウハウとして秘匿するのか（管理体制を含む），その決定手順などを契約で合意すべきです（Scene 6 のオープン＆クローズ戦略を参照）。

　さらに FIP については，帰属のほか，誰が，どのような場合に，どのような条件で FIP を使用できるかなどの取扱いも，契約で定めておくことが望ましいといえます。

　なお，共同研究開発の成果である技術を利用した製品（成果製品）の，①生産・販売地域，②生産・販売数量，③販売先（成果であるノウハウの秘密保持に必要な場合を除く）などを制限することは，市場での競争を阻害し，不適法とされるおそれがあります（「共同研究開発に関する独占禁止法上の指針[3]」第２）。

IV．共同研究開発と既存知財（BIP：Background IP）

　共同研究開発を一緒に実施するパートナーを選定するにあたっては，どのような既存知財（BIP）を保有しているか，は大きな要素であるといえます。

　そして，この BIP をどのように取り扱うかも，共同研究開発契約の重要なポイントです。共同研究開発を実施しても，通常 BIP の帰属に変更はありません。ところが，FIP である技術を利用した成果製品は，共同研究開発の当事者が保有する BIP を含んでいることが多く，BIP のライセンス（使用許諾）を得られない場合には，成果製品の商品化や販売ができない事態が発生します。

　そこで，BIP については，共同研究開発の当事者の将来のビジネスを制約せず，かつ，共同研究開発を実施した目的を実現するというバランスの観点から，共同研究開発の当事者に対して，合理的な範囲で通常よりも低廉な条件でライセンス（使用許諾）することも実務上合理的といえます。

1　科学技術・イノベーション基本法（1995年法律第130号）と科学技術・イノベーション創出の活性化に関する法律（2008年法律第63号）が改正され，基本法第2条第1項において，「イノベーションの創出」とは「科学的な発見又は発明，新商品又は新役務の開発その他の創造的活動を通じて新たな価値を生み出し，これを普及することにより，経済社会の大きな変化を創出することをいう。」と定義されました（2021年4月1日施行）。

2　近時は，日本政府も大企業とスタートアップとの協業推進に力を入れており，経済産業省・特許庁「研究開発型スタートアップと事業会社のオープンイノベーション促進のためのモデル契約書ver1.0」（2020年6月，URLはScene 6・注4に掲載）や公正取引委員会・経済産業省「スタートアップとの事業連携に関する指針」（2021年3月29日）（https://www.jftc.go.jp/dk/guideline/unyoukijun/startup.html）などが発表されています。

3　公正取引委員会「共同研究開発に関する独占禁止法上の指針」（2017年6月16日改定）

　　https://www.jftc.go.jp/dk/guideline/unyoukijun/kyodokenkyu.html

Column：スタートアップの信用不安と倒産法

　公正取引委員会・経済産業省の「スタートアップとの事業連携に関する指針」「3　共同研究契約」「（2）共同研究契約に係る問題について」「ア　知的財産権の一方的帰属」②(イ)には，「スタートアップに経済的不安が生じた場合に連携事業者への知的財産権買取りの交渉オプションを設定するなどし，連携事業者の懸念に配慮することも検討することが望ましい。」という記載があり，スタートアップの信用不安への対応案が示されています[1]。モデル契約書では，スタートアップについて支払停止や，競売・破産・民事再生・会社更生・特別清算の申立て等があった場合には，スタートアップの相手方である連携事業者は，事前の通知をせずにただちにスタートアップとの間の共同研究開発契約を解除できることや，スタートアップに帰属する知的財産権を無償で譲り渡すよう求めることができることを規定しておくことが提唱されています[2]。

　しかしながら，倒産法の観点から見ますと，この対応策は必ずしも万全ではありません。というのは，第1に，倒産手続の申立てだけを理由として解除を認める条項は，倒産法上，効力を認められない可能性があるからです。倒産実務では，倒産した会社の管財人等によって，重要な契約であればあるほど，このような条項の効力を否定する主張が行われるのが普通です。また，第2に，連携事業者が契約を解除せずに，自らに無償で譲り渡すようスタートアップに求めた場合であっても，倒産法上は，支払停止や倒産手続の申立てがあった後（またはその前6カ月以内）にした無償行為（または無償行為と同視すべき有償行為）は，倒産手続において管財人等が効力を否認することができるからです。管財人等は，危機時期にされた無償の財産移転に最も敏感であり，ごく普通に，否認権を行使して返還や賠償を求めると思われます。

　モデル契約で提唱されている条項には以上のような限界がありますが，規定しておくことに意味がないわけではありません。連携事業者は，スタートアップに信用不安が生じた段階で，この条項により自らに知的財産権を移転させておき，スタートアップの倒産手続開始後，管財人等から否認権を行使された段階で，価格交渉に持ち込み，正当な対価を支払って知的財産権の確保をめざすことなどが考えられます。

■注

1 公正取引委員会・経済産業省「スタートアップとの事業連携に関する指針」
（2021年3月29日）

　https://www.jftc.go.jp/dk/guideline/unyoukijun/startup.html

2 経済産業省・特許庁「研究開発型スタートアップと事業会社のオープンイノベーション促進のためのモデル契約書ver1.0」（2020年6月30日）『共同研究開発契約書（新素材）』7条6項，16条1項2号・3号

　https://www.meti.go.jp/press/2020/06/20200630006/20200630006-10.
pdf

Scene 11 ダウンラウンドの恐怖を味わう

　ある日の定例ミーティングで，安藤，毛利，鞆津の表情は暗かった。研究開発スケジュールに大幅な遅延が生じており，エンジニアの追加採用を含めた開発体制の拡充等を行うため，追加の資金調達を検討せざるをえない状況であった。

　もっとも，前回シリーズ B の資金調達時から特段のマイルストーンの達成がなく，事業計画の進捗が芳しくない状況での資金調達は，**ダウンラウンド**となるおそれがあった。リードインベスターである VD 社から取締役として派遣されている門田からは，「ダウンラウンドは絶対に避けるように」と釘を刺されている。

　顧問の小倉弁護士よれば，「ダウンラウンドでは，既存株主への希釈化の影響，特に各優先株式の**希釈化防止条項**が発動した場合の影響を慎重に分析することが必要です。ダウンラウンドは避けたいですね。何とか，**ブリッジ・ファイナンス**で当面の資金繰りを持たせられませんかね」とのことであった。3 人は，小倉弁護士とともに，資金調達の条件の検討を開始した。

Point

- 過度に高いバリュエーションで資金調達を行うと，長期的には不利益に作用し，将来のダウンラウンド発生の要因となることがあります。
- ダウンラウンドで資金を調達するならば，過去のラウンドの投資契約の条件（特に希釈化防止条項）を正しく理解する必要があります。
- ブリッジ・ファイナンスによって，ダウンラウンドの発生を回避できる可能性があります。

図表11-1　ダウンラウンドとその発生要因

ダウンラウンドとは

直前の資金調達時の株価よりも低い株価で株式を発行する資金調達ラウンド

- ✓ "何か"が起きているが、資金調達のニーズ（資金需要）はあるので、株式を発行せざるをえない
- ✓ この時点で出資する新規投資家に特に有利な条件が付いた株式を発行せざるをえない

ダウンラウンドが発生する要因

① 投資環境の悪化

金融危機や実体経済の悪化が生じたとき（たとえば、コロナ禍での米国）

② 過去の資金調達ラウンドにおける過度に高いバリュエーション

スタートアップの事業計画などに問題はないにもかかわらず、過去の過剰なバリュエーション（企業価値評価）ゆえに、現時点でのバリュエーションが過去を下回ってしまうとき

③ スタートアップの事業計画の未達またはキーパーソンの離反や離職

資金需要があるにもかかわらず、スタートアップのバリュエーションの基礎となっている事業計画の達成見通しやそれを達成すべき人材に投資家が懸念をもったとき

図表11-2　ダウンラウンドの影響と希釈化防止条項

ダウンラウンドによる低い株価での株式発行の影響

① 既存株主の持株比率の低下（希釈化）	普通株式を保有する創業株主や従業員の持株比率が低下
② 希釈化防止条項の発動による既存株主の持株比率のさらなる低下（希釈化）	希釈化防止条項付株式の株主が希釈化を逃れる反面、その他の株主の持株比率はさらに低下
③ 負のシグナル効果	スタートアップの成長性に懸念が生じ、投資家が資本投下を（継続）する動機付けを喪失
④ 投資家に対する会計上の影響	VCなどの投資家には、会計上、投資持分の減損処理の懸念も生じる（VCファンド運用にも影響）

希釈化防止条項とは

株式の種類の転換の際（例：優先株式⇒普通株式）に、転換比率を投資家に有利に調整する条項

- ✓ スタートアップが資金調達時に発行する株式は転換条項（取得請求権）付優先株式が多い
- ✓ 優先株式は、通常、上場後に市場で売却する目的で普通株式に転換される
- ✓ 転換時の転換比率を投資家の有利に調整すれば、ダウンラウンドでも投資家の持株比率の低下を防止可

Ⅰ．ダウンラウンドとその発生要因

　スタートアップは，成長ステージごとのニーズに応じて資金を調達しますが，資金調達ニーズがあるにもかかわらず，さまざまな事情から低い株価で株式を発行せざるをえないこと（ダウンラウンド）があります。①そもそも，スタートアップのバリュエーションは，必ずしも客観的に算定されるものではなく，投資家（主にベンチャー・キャピタル（VC））との交渉の影響を受けます。そのため，金融危機や実体経済の悪化などによってリスクマネー（高いリターンを狙って回収不能になるリスクを承知で投資に回される資金）の供給量が減少すると，投資家の交渉力が強まってバリュエーションが抑えられ，ダウンラウンドが発生します。また，②早いステージで行ったバリュエーションが過剰であった場合，後のステージでのバリュエーションが伸び悩み，新規投資家が会社の成長性や将来性に懸念を抱きがちであるため，ダウンラウンドの可能性が高まります。③スタートアップによる事業計画達成の見通しが危うくなった場合なども同様です。

Ⅱ．ダウンラウンドの影響

　直前の資金調達時に比べて低い株価でニーズを満たす資金調達を行う場合には，多数の株式を発行することになるため，既存株主の持株比率は低下します。しかも，スタートアップが発行する優先株式には，多くの場合，希釈化防止条項が付いており，通常，ダウンラウンドは希釈化防止条項の発動事由に該当することから，希釈化防止条項の発動によって，（希釈化防止条項のない）普通株式を保有する創業株主や従業員の持株比率はさらに低下します。

　また，①会社法上，新株の発行には株主総会の特別決議が必要であり（会社法309条2項5号），また，②投資家との契約によって，通常，会社の重要事項の決定には主要株主の事前承諾が必要とされています（拒否権）。そこで，スタートアップは，会社法上も契約上も既存株主の了解を得なければ資金を調達できないのが通常であるところ，上記のとおり，既存株主はダウンラウンドによって不利益を被ります。つまり，資金調達ニーズがスタートアップにあるゆえに，既存株主としては自らが不利益を被るにもかかわらず，事実上，新株の発行を承諾せざるをえない状況に陥るのがダウンラウンドなのです。

図表11-3 希釈化防止条項の種類

希釈化防止条項の種類

- 理論的には，他の種類株式を対価として，普通株式を交付するプット・オプション
- **転換比率（注）の調整の仕方によって，いくつかの種類あり**

希釈化防止条項の種類	加重平均方式 （コンバージョン・プライス方式）	③ フル・ラチェット方式
	調整後の転換価額＝既発行の優先株式の発行価額と新規発行の株式の発行価額とを，**各々の発行株式数もふまえて加重平均した値とする方式** **① ブロードベース** 「既発行株式数」に**潜在株式（新株予約権など）を含める**　　**② ナローベース** 「既発行株式数」に**潜在株式（新株予約権など）を含めない**	既発行の優先株式の転換価額 ＝**新規発行の株式の発行価額** とする方式（※稀な方法）
特徴	✓ ダウンラウンドで新規に発行される株式数が大きいほど転換価額の下げ幅が大 ✓ フル・ラチェット方式と比べれば**転換価額の変化は穏やか**	✓ 優先株式の株主は潜在的持株比率を維持 ＝ダウンサイドリスク（保有資産が損失を被る可能性）を負担せず

$$（注）転換比率＝\frac{優先株式の発行価額}{優先株式の転換価額（＝会社による取得価額）}$$

図表11-4 加重平均方式の希釈化防止条項に基づく調整

加重平均方式による転換比率の調整式

$$調整後転換価額＝\frac{既発行株式数×調整前転換価額＋新規発行株式数×1株あたりの発行価額}{既発行株式数＋新規発行株式数}$$

希釈化防止条項の種類ごとの持株比率

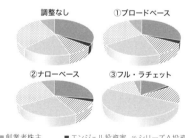

調整なし　　①ブロードベース

②ナローベース　　③フル・ラチェット

■創業者株主　　■エンジェル投資家　※シリーズA投資家
※シリーズB投資家　※シリーズC投資家　■従業員

(1) 会社設立時に1株1万円で創業者株主に1000株を発行
(2) エンジェル投資家から資金（1株30万円，100株）を受入れ
(3) 従業員ストック・オプション（SO）（従業員3名に合計260個）を発行
(4) 以下の資金調達を実施
- シリーズA（1株の発行価額200万円）
- シリーズB（1株の発行価額300万円）
- シリーズC（1株の発行価額50万円）
シリーズCは，ダウンラウンドとなる
➤ シリーズA，Bに希釈化防止条項が付されていた場合，調整式次第で各株主の持株比率が異なる（左図）
(注) SOは株式に転換したものとして計算

Ⅲ．希釈化防止条項とその発動，不発動

　希釈化防止条項とは，株式の種類を転換する際の転換価額（＝会社による取得価額）を投資家に有利に調整する条項です。スタートアップが発行する優先株式には，通常，この希釈化防止条項が付されています。もっとも，優先株式を保有する株主の議決権の過半数または3分の2以上が同意した場合には希釈化防止条項が発動しない，という不発動条件が定められていることも少なくありません。

　ダウンラウンドによる資金調達では，この希釈化防止条項の発動の有無が交渉の大きなポイントになります。すなわち，ダウンラウンドによる株式発行が行われると，既存優先株式の普通株式への転換価額は，希釈化防止条項の内容に応じて，当該優先株式を保有する投資家に有利なように下方修正されます。この結果，優先株式を保有していた投資家による転換後の普通株式の持株比率が高まり，優先株式を保有していた投資家にとってみれば，経済的には，追加の払込みをすることなく，新株の発行を受けたに等しい効果が生じます。この効果は，ダウンラウンド時点で新規に出資する投資家（新規投資家）にとって，新規投資後の持株比率が想定より減少するという点で不利益となるため，希釈化防止条項の発動の有無は，新規投資家による投資実行や投資時の条件の判断に大きな影響を及ぼします。そこで，ダウンラウンドによる株式の発行においては，希釈化防止条項の不発動に必要な割合の既存投資家（優先株式を保有する株主）の同意を得られるか否かが，資金調達の可否を決定するポイントになります。

　希釈化防止条項が発動される場合の転換価額（＝会社による取得価額）の調整式には，加重平均方式（①「既発行株式数」に潜在株式（新株予約権など）を含めるブロードベースと，②潜在株式を含めないナローベースに分けられます）と③フル・ラチェット方式があります。一般に，既存投資家（優先株主）にとって有利な順に，③フル・ラチェット方式 ⇒ ②ナローベース加重平均方式 ⇒ ①ブロードベース加重平均方式であるとされます。

図表11-5　ダウンラウンドによる資金調達で受入れを迫られる厳しい条件

ダウンラウンド時点の新規投資家から受入れを迫られる厳しい条件（新規投資家に有利な条件）の例	
①優先配当権	剰余金の配当において，（普通株主に先立ち）優先配当額の支払を受けることができる（注1）（注2）
②優先残余財産分配請求権	発行会社が解散および清算した場合の残余財産の分配において，（普通株主に先立ち）分配を受けることができる（注3）
③希釈化防止条項	図表11-3参照
④優先引受権	会社が追加で株式を発行する場合に，自らの持株比率を維持するために必要な数量の株式を引き受けることができる
⑤Pay to play条項	**既存投資家がダウンラウンドによる出資に応じない場合**，定款または株主間契約に定められた**既存投資家の権利を強制的に変更または消滅**させる

（注1）優先配当額は，優先株式の払込金額に所定の比率を乗じて算定されることが多い
（注2）優先配当権には，優先的に配当を受ける額の算定に関して，参加型/非参加型，累積型/非累積型という種類あり（Scene 5参照）
（注3）優先残余財産分配請求権には，優先残余財産分配を受けた後，普通株主に対して残余財産分配を行う際に，優先株主が普通株主と同様に分配を受けるか否かに関して，参加型/非参加型という種類あり（Scene 5参照）

図表11-6　ダウンラウンドを回避するためのブリッジ・ファイナンス

> **ブリッジ・ファイナンスとは**
> 以後の株式発行による資金調達ラウンドまでの期間に限定して行われる，借入による資金調達
> ➤ 借入という形態を用いることにより、既存株主の持株比率の低下（希釈化）を防止

✓ 通常、ダウンラウンド**発生要因について解消の目途**が立っていることが前提
✓ 将来、より高いバリュエーションで株式による資金調達を行う見込みがあるか否かも考慮される
✓ 以後のラウンドで株式に転換されるか、以後のラウンドでの調達資金によって返済される
✓ 以後のラウンドで他の投資家に比べて**有利な金額で株式取得を可能とする条件**を定める場合あり

ブリッジ・ファイナンスの主な手法	
コンバーティブル・デット	・ **投資家からの貸付けによる資金調達**であり、以後のラウンドで株式に転換するか、または、調達資金による返済を予定 ・ **バリュエーションを先送り**できるメリット ・ 貸借対照表上、負債として認識され，返済期限を有するデメリット
新株予約権付社債 （コンバーティブル・ボンド）	・ コンバーティブル・デットの一類型 ・ 社債として発行されるが、新株予約権が行使された場合には、その時点のバリュエーションに基づく株式に転換される
コンバーティブル・エクイティ	コンバーティブル・デットと同様の機能を有し、**株主資本として発行**される

Ⅳ．Pay to play条項

　ダウンラウンドによる資金調達の際に，スタートアップ（起業家）にとって判断の難しい条件として，Pay to play 条項を挙げることができます。Pay to play 条項とは，既存投資家がダウンラウンドによる出資に応じない場合には，定款または株主間契約に定められた既存投資家の権利を強制的に変更または消滅させる旨の規定で，新規投資家が投資の条件として会社および既存投資家に対して要求するものです。すなわち，ダウンラウンドによる資金調達において，既存投資家は，新規投資家に対して Pay to play 条項を受け入れた場合には，自らの既存の権利を確保したければ追加の資金を拠出しなければならず，既存投資家としては，否応なしに，スタートアップの事業継続に協力することになります。そして，Pay to play 条項の存在にもかかわらず，既存投資家が追加の資金拠出に応じない場合には，新規投資家としては，スタートアップの将来性にリスクがあることを承知のうえで，投資をすることになるのです。

　Pay to play 条項の内容としては，追加出資を行わない既存投資家の保有する株式について，たとえば，⑴希釈化防止条項や配当および残余財産分配における優先性を失わせる，⑵希釈化防止条項が発動する前の転換価額により強制的に普通株式に転換する，というような内容があります。このような Pay to play 条項によって，既存株主の持株比率などが調整され，スタートアップの資本政策が再構成（リストラクチャリング）されることになります。

Ⅴ．ブリッジ・ファイナンス

　ブリッジ・ファイナンスとは，以後の株式発行による資金調達ラウンドまでの期間に限定してなされる借入による資金調達です。（出資ではなく）借入という手段を選ぶことによって，既存株主の持株比率の低下（希釈化）を回避できます。また，バリュエーションの段取りが不要である点で，一般的には，資金調達までの時間が短くて済むといわれています（資金調達の手法については，Scene 3 も参照）。なお，ブリッジ・ファイナンスで調達した資金は，以後のラウンドで株式に転換されるか，または，以後のラウンドで調達した資金によって返済されることが多いといえます。

Scene 12 買収の提案を受ける

　AMT の技術力と事業のポテンシャルは，広く業界に知られるところとなっていた。ある日，AMT は，米国大手 IT 企業 West Wood Rising, Inc.（「WWR社」）から，**買収**を前提にした協議を行いたいという連絡を受けた。WWR 社の日本法人の代表は，鞆津の戦略コンサル時代の元同僚が務めているようだ。WWR 社によれば，AMT の事業構想と技術力を高く評価しており，**秘密保持契約を締結してデュー・ディリジェンス（DD：Due Diligence）を行った**うえで，詳細を詰めたいとのことであった。そして，WWR 社は，AMT の継続的な成長のために**現経営陣が残留する前提**で，AMT の発行済株式全ての買取りを念頭に協議を進めたいと提案してきた。この提案を受け，鞆津が VD 社の門田に率直な意見を聴いたところ，VD 社としては，買収価格は，AMT の事業に十分な評価を与えるものであり，上場を目指すよりも，今回の買収提案に応じ，WWR 社の傘下でさらなる成長を目指すべきであるという意見であった。

　ところが，交渉が進むにつれ，WWR 社の狙いは，AMT の優秀な開発陣と，世界でもトップクラスの技術を手に入れ，同社独自の新製品・サービスの開発にあたらせることにあると明らかになってきた。

　3 人は，既存株主からのプレッシャーを受けつつ，最終的には WWR 社の買収提案を拒絶する決断に至った。

Point

- 近年，上場だけでなく，M&A（特に株式譲渡）による買収も，エグジット手法として利用されるようになっています。
- スタートアップの M&A に関しては，利益状況を異にする多様かつ複数の株主間の利害調整を見据えた，株主間契約による事前の手当てが重要です。
- 買収後，創業者株主を残留させる際には，硬軟織り交ぜたリテンション・プランの設計がポイントです。

図表12-1　M&Aによるエグジットという選択肢

エグジットとは

| スタートアップの
第三者に対する売却
[または
支配権の移転] | | これに伴う
**既存投資家への
対価の分配** |

→ 投資家は，投資リターンを獲得し，スタートアップ投資の目的を実現

エグジット類型	上場	M&A
	スタートアップの株式を公開し 株式譲渡を自由にして 一般の第三者に売却	スタートアップを 非公開会社としたまま 特定の第三者に売却
特徴	・適切なバリュエーション（価値評価）を受けられない市場環境等では躊躇あり	・買収者にとっては，企業価値上昇前の早期買収に経済合理性あり ・**アクハイヤー（Acquihire**：大企業がスタートアップの役職員を取り込む目的で行う買収）の場合もあり

図表12-2　事業会社によるスタートアップM&Aの現況

日本におけるエグジットとは

上場：M&A＝7：3（米国は90％がM&A）----- 近年M&Aが増加傾向

経済産業省「大企業×スタートアップのM&Aに関する調査報告書」（2021年3月発表）

多くの大企業は成長戦略の中にスタートアップのM&Aによるオープンイノベーションの活用が組み込めていないと指摘

事業会社・スタートアップから見たM&Aの意義

① **効率的なオープンイノベーションの推進**
- 人材やテクノロジーの獲得
- 自社での研究開発による時間とコスト負担の軽減
  ➢ 中長期的な企業価値の向上に資する

② **スタートアップの安定的な成長**
- 研究開発や販路開拓等に必要な資金調達を安定的に行える
- 先行投資に必要な資金需要が大きく，短期間に利益を生み出すことが難しいスタートアップ（ディープテック系やリアルテック系）は，上場が必ずしも適さない

実務上の課題（M&Aのハードル）

① **買収価格（バリュエーション）で合意に至らない**
- 買収のシナジー効果などが現れるまでに時間を要する
  ↓
  ＜対応策＞
  ➢ バリュエーションにおける評価見直し
  ➢ 研究開発投資としての，中長期的なタイムラインでM&Aの効果を検証

② **のれんの減損リスク**
- バリュエーションが高すぎた場合の懸念
  ↓
  ＜対応策＞
  ➢ 買収時の情報開示による売主・買主の目線あわせ

Ⅰ．上場とM&A

　投資家のスタートアップからのエグジットはスタートアップのライフサイクルにおいて常に念頭に置くべき重大なイベントであり，種類株式の内容や投資契約・株主間契約の契約条項の設計もエグジット時の利害関係者の利益調整を意識した内容とすることがポイントです。

　これまで，日本においては上場が主たるエグジット手法でしたが，近時はM&Aによるエグジット事例も増えつつあります。上場はスタートアップの公開価格が市場環境に影響される面も大きく，バリュエーションが適切かという問題があります。これに対して，買収者がスタートアップの製品・サービスや技術力に注目し，上場目前で買収価格が高騰する前に買収すれば，買収コストを抑えられます。優秀なエンジニアなどを擁している場合には，大企業がスタートアップの役職員を取り込む目的で早期のステージでスタートアップの買収を行うこともあります（アクハイヤー：Acquihire）。

Ⅱ．事業会社によるスタートアップ買収への注目

　特に，事業会社によるスタートアップの買収は，①事業会社によるオープンイノベーションによる中長期的な価値向上（研究開発投資の役割）と②スタートアップの安定的な成長に資する選択肢として注目されています。

　経済産業省「大企業×スタートアップのM&Aに関する調査報告書」（2021年3月）[1]では，日本におけるM&Aによるエグジット率が米国より低い背景として，上場の敷居が低いことやPMI（Post Merger Integration：M&A後の統合プロセス）の負担のほか，スタートアップの買収価格の交渉で合意に至らない点が指摘されています。M&Aにより獲得した人材やテクノロジー等（非財務情報）のシナジー効果が財務数値に現れるのには時間を要する一方で，減損リスク（減損処理が最終損益の押し下げ要因となること）が買手の懸念ですが，買収価格が高額な米国では非財務情報やシナジーを積極的に買収価格に反映する傾向にあります。買収価格の水準は，創業者株主や少数株主が買収に応じるかを左右する重要なポイントです。このように，企業の成長戦略におけるスタートアップM&Aの位置付けには，様々な意味合いがあり得ます。

図表12−3 M&Aによるエグジットの類型

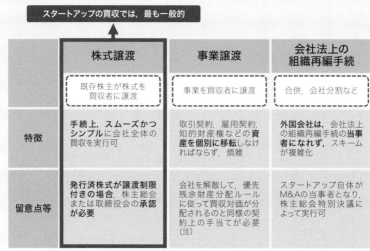

スタートアップの買収では，最も一般的

	株式譲渡	事業譲渡	会社法上の組織再編手続
	既存株主が株式を買収者に譲渡	事業を買収者に譲渡	合併，会社分割など
特徴	**手続上，スムーズかつシンプルに**会社全体の買収を実行可	取引契約，雇用契約，知的財産権などの**資産を個別に移転**しなければならず，煩雑	**外国会社は，**会社法上の組織再編手続の**当事者になれず，**スキームが複雑化
留意点等	**発行済株式が譲渡制限付きの場合，**株主総会または取締役会の**承認が必要**	会社を解散して，優先残余財産分配ルールに従って買収対価が分配されるのと同様の契約上の手当てが必要（注）	スタートアップ自体がM&Aの当事者となり，株主総会特別決議によって実行可

（注）事業譲渡の売主は対象会社自体であり，対価を受領するのも対象会社なので，対象会社が譲渡対価を株主に分配するための手当てが必要

図表12−4 M&Aにおける株主間の利害調整

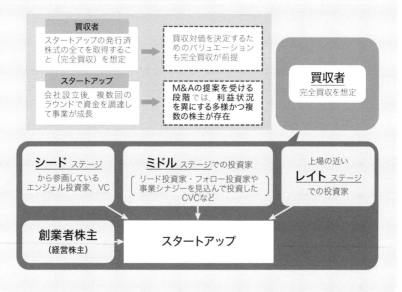

買収者
スタートアップの発行済株式の全てを取得すること（完全買収）を想定

→ 買収対価を決定するためのバリュエーションも完全買収が前提

スタートアップ
会社設立後，複数回のラウンドで資金を調達して事業が成長

→ M&Aの提案を受ける段階では，利益状況を異にする多様かつ複数の株主が存在

買収者
完全買収を想定

シード ステージ
から参画しているエンジェル投資家，VC

ミドル ステージでの投資家
［リード投資家・フォロー投資家や事業シナジーを見込んで投資したCVCなど］

上場の近い
レイト ステージ
での投資家

創業者株主
（経営株主）

→ **スタートアップ**

Ⅲ．M&Aによるエグジット

　M&A によるエグジットのうちでは，スキームとしてシンプルな株式譲渡の方法（スタートアップ（対象会社）の株主が保有する対象会社の株式を買主（買収者）に（基本的には現金を対価として）譲渡する方法）が実務上一般的です。

　スタートアップの買収においては，買主が，買収後の自由な運営を確保するために，対象会社の完全買収を希望することが多いといえます。もっとも，スタートアップのエグジットを希望する株主が株主間契約上のドラッグ・アロング条項を発動できない場合や全ての既存株主が株主間契約の当事者となっていない場合に，対象会社を完全買収するためには，買主がスタートアップの個別の株主から株式を買い取る必要があります。しかしながら，株式の買取りの際には，保有する株式の種類や投資の背景・意図が異なる株主間の利害調整や買収に反対する少数株主の説得が必要になり得ることに注意が必要です。

　なお，事業譲渡は，一般的には事業の一部売却等で利用されるものの，通常，スタートアップが事業譲渡をするニーズはあまりありません。また，会社法上の組織再編手続は，原則として，法定の手続を履践しなければならないという手続的な負担が難点です。

Ⅳ．スタートアップの成長と少数株主のホールドアップ問題

　スタートアップは，連続的に資金調達を行い，短期間のうちに事業・ビジネスを拡大・成長させるため，各資金調達ラウンドにおけるバリュエーションに大きな開きが生じ，少数株主のホールドアップ問題（少数株主の反対によってM&A 不成立のおそれを生じる問題）が起きることがあります。すなわち，複数の資金調達ラウンドを重ねれば，各投資家が保有する株式の 1 株あたり取得価格に相当の差が生じることから，エグジット時に，投資家が投資時に期待していたリターンに見合ったキャピタルゲインを得られるかどうかは，投資家ごとに異なるので，投資家によっては，M&A に反対することがあります。また，スタートアップとの事業シナジーや共同研究開発を念頭に投資をした CVC なども，スタートアップが第三者に買収されることによって想定していたプランが事実上頓挫する懸念があるため，買収に反対することがあります。

図表12-5　M&Aにおける株主間の利害調整（続）

ホールドアップ問題
一部の株主が株式譲渡に応じず，買収者が完全買収を断念しM&Aが不成立になるおそれ

➡ 株主間契約で**ホールドアップ問題への対応策**を事前に規定する必要あり

ホールドアップ問題への対応策	ポイント
ドラッグ・アロング条項 （一斉売却請求権） 他の株主にも保有する株式を強制的に売却することを請求できると定める条項	**投資家株主の多数の賛成** ＋ **創業者株主の同意** で発動するように設計 ① 創業者株主は実質的に買収への拒否権取得 ② 条項発動に同意できるか否かを判断する目的で，創業者株主が買収契約の当事者として買収交渉に積極的に参加可能
みなし清算条項 スタートアップまたはその株主が売却によって得られた対価の合計を残余財産とみなし，**会社清算の場合の残余財産の分配ルールに則して分配する**と定める条項	みなし清算条項がない場合に比して，普通株主たる創業者株主が受け取る利益分配額が少なくなることが多い

図表12-6　創業者株主から見た買収交渉

	交渉の対象条項	交渉ポイント
表明保証条項	前提となる事実関係や権利関係について，**ある時点**で（①買収契約の締結時点と②買収の実行時点等），売主が真実かつ正確であることを保証	表明保証の範囲に対する限定 ① 売主の認識による限定（例）「知る（知り得る）限り」 ② 重要性による限定（例）「重大な」法令違反
補償条項	買収完了後に発生し得る，買収者の補償請求権を担保	創業者株主（最大株主かつ経営責任者）は，ある程度受け入れざるをえないことが多い ① 買収完了後の一定期間，譲渡対価の一部の支払を繰り延べ ② 譲渡対価の一部をエスクロー（第三者に預託）し，買収者は実質的にエスクロー口座から補償金を得る
創業者株主のリテンション（引止め）		・経営陣に残留する創業者株主への役員報酬・賞与の設計 ・買収者株式に関するストック・オプションの付与
アーン・アウト条項	買収対価が，①**買収時に一定額**が，②**買収完了後の一定期間経過後，対象会社の業績に応じて計算される額**が支払われる方式	業績目標を達成することによって，買収対価が残留した創業者株主に有利に調整される（引き上げられる）可能性
キーパーソン条項 競業禁止義務条項	買収完了後の一定期間，①当該会社の業務に従事することを義務付け，または②競合事業に従事することを禁止	創業者株主が売主の要求を受け入れるか否かは，**買収完了後に拘束される期間，内容と程度を総合的に考慮して慎重に検討**

Ⅴ．ドラッグ・アロング条項とみなし清算条項の活用

　ドラッグ・アロング条項は，優先株主の権利として，エグジットの機会に少数株主の保有株式もまとめて買収者に売却する機能を有します（一斉売却請求権）。これよって，多数株主（またはその同意を得た優先株主）が買収交渉を主導し，少数株主は売却によって得られる対価の分配を受けます。

　買収対価を単純に保有株式数に応じて株主間で配分すると，かえって株主間での不公平を生じることがあるため，みなし清算条項によって，優先残余財産の分配に準じて買収対価を分配するのが一般的です[2]。ただし，ドラッグ・アロング条項の発動に創業者株主の同意が必要な場合であって，みなし清算条項が適用されても創業者株主は十分な利益配分を得られない買収対価であるとき（直近ラウンドよりも低い価格での買収においては，みなし清算条項によって優先残余財産分配に従った対価分配がなされると，優先株主への分配後の創業者株主（普通株主）の取り分が残らない）には，創業者株主が買収に応じない（または，創業者株主が，多数株主に対して，みなし清算条項を発動しない対価分配に同意するよう，株主間契約上の他の投資家を説得するように求める）こともあります。これは，創業者株主と買収を希望する多数株主との間の利益相反が顕在化する場面なので，買収価格が低い場合には既存優先株主への分配比率を調整するような仕組みも検討の余地があります。

Ⅵ．創業者のリテンションと買収交渉

　スタートアップの買収においては，買収者が，残留した創業者による研究開発や事業化計画の継続を期待することが多く，スタートアップの経営陣やキーパーソンである従業員の引止め（リテンション）は，契約交渉の重要なポイントです。創業者は，実質的なペイオフ（精算）である株式対価＋インセンティブを可能な限り有利な設定にしたいのに対して，買収者は，経済的には買収コストであるリテンションのコストを可能な限り抑えたいと考えます。また，他の投資家は保有株式の売却対価のみからキャピタルゲインを得るので，買収コストに占める買収対価自体の比率を高めることに関心があります。すなわち，リテンションの設計においても，関係者間の利害調整が必要となるのです。

図表12-7　M&Aのプロセス

① 検討開始	買主候補者が**公開情報等に基づいて，買収対象者の初期的検討**を実施
② 契約交渉	（1）**秘密保持契約を締結**し，対象会社が初期的な情報を開示 （2）**買収の基本的な条件（買収対象，買収のスキーム，買収価格など）**の交渉 （3）基本的な了解事項を確認する（法的拘束力がない）基本合意書などを締結
③ DD実施	**対象会社の企業価値の精査やリスク評価**のため，買収者がビジネス・法務・財務・税務などの観点からの**DDを実施**
④ 買収価格の提示	買収者がDDの結果をふまえて**買収価格や条件を提示**

図表12-8　外国企業による買収の留意点（改正外為法の影響）

外資規制を規律する外国為替及び外国貿易法（外為法）

　日本・外国間の資金や財（モノ）・サービスの移動などの対外取引や居住者間の外貨建て取引を規律

外為法の事前届出

日本国内の事業者が発行する株式の取得を含む一定の行為（対内直接投資等）を**外国投資家**が行う場合であって，当該事業者が所定の**事前届出業種**に該当する事業を営んでいるときは，事前届出が必要

➤　近時，事前届出業種（注1）および外国投資家（注2）の範囲が拡大

　（注1）2019年対内直接投資等に関する業種告示などの改正告示：IT分野の技術流出防止を目的とした改正
　（注2）2019年外為法改正：対内直接投資等を巡る安全保障の観点からの国際的な懸念の高まり，米国やEUとの連携

「外国投資家」に該当する外国企業による国内のスタートアップ買収時の論点	①当該買収の「対内直接投資等」該当性 ②スタートアップが営む事業の「事前届出業種」該当性

Ⅶ．M&AのプロセスとクロスボーダーM&Aの課題

　M&Aのプロセスは個々の案件によって多様ですが，特に人的リソースの限られているスタートアップにとっては，秘密性の高いDDへの対応や契約交渉などを平時の事業運営・資金繰りと並行して行うのは，実務上非常に負担が大きいといえます。

　特に，買収提案者が外国企業となれば，①外国語や時差の影響を受けるコミュニケーションの問題（DDにおける開示資料や質問対応における翻訳作業や買収契約の言語の選択など），②異なる法体系やビジネス慣習をもつ相手方との交渉，③外国企業による日本国内企業への投資に対する規制対応などの課題にも対処しなければなりません。海外企業から買収の打診を受けた場合には，ターゲットとなるスタートアップとしても，早い段階でクロスボーダー取引の経験が豊富な外部弁護士などにコンタクトし，買収提案のフィージビリティ（実現可能性）の検討から協力を得て，実務的負担の軽減の点もさることながら，より専門性の高いアドバイスを受けて対応に臨むことにより，交渉の初期段階から不利益を被ることを避けるのが望ましいといえます。

Ⅷ．日本における外資規制（改正外為法の影響）

　海外企業によるスタートアップの買収に際して，日本における外資規制の適用の有無に留意する必要があります。

　事前届出が必要な対内直接投資等は，事前届出の受理日から原則30日間の禁止期間中は届出の対象である投資を実行することができません。実務上は，事前届出を行う前に各事前届出業種の所管省庁へ非公式に届出前相談が行われることが多く，所管省庁から，投資の背景・目的や投資者の株主・出資者の構成，投資対象の事業者による事業運営への関与の程度などについて質問を受けるのが通例です。事前届出業種に該当する事業における技術の開発状況などについても詳細な質問がされることもあります。届出の準備は，基本的には買収者側で行われますが，スタートアップの協力は不可欠ですし，スタートアップ側としても，M&Aのみならず資金調達ラウンドにおいても，クロージングの時期を左右する重要な要素であるため，必要に応じて協力すべきこととなります。

1 経済産業省「大企業×スタートアップのM&Aに関する調査報告書」（2021年3月）

https://www.meti.go.jp/policy/newbusiness/houkokusyo/r2houkokusho_ma_report_2.pdf

2 一般的には，適切なインセンティブ構造を構築する観点から，優先分配額は種類株式の発行価額と同額（すなわち，当該種類株式の保有者となる投資家の出資額と同額）とされるケースが多いように思われます。さらに，複数のラウンドで資金調達が行われている場合には，後のラウンドの種類株式について前のラウンドの種類株式に優先して残余財産が分配される（または後のラウンドの種類株式と前のラウンドの種類株式が同順位とされる）設計が多いと思われます。

Column：スタートアップのM&A（買収）と競争法

　一定の売上高や資産額，市場シェアを有する当事者間の M&A については，通常，各国の競争法当局に届出をして事前に審査を受け，承認（クリアランス）を得る必要があります（企業結合規制）。近年，この企業結合規制をスタートアップの買収にどのように適用するか，が競争法上注目されています。

　企業結合審査において，競争当局は，企業結合が市場での競争を実質的に制限し得るか（市場シェアが支配的になるかなど）を分析します。ここでは市場範囲の画定が重要になるところ，従来は，複数の商品やサービスが単一の市場を構成するか否かを商品やサービスが有償であることが分析の前提でしたが，プラットフォーム・ビジネスでは多くのサービスが無料です（無料市場）。また，商品やサービスの提供を受ける需要者が複数種類存在するプラットフォームもあります（多面市場。たとえば，検索エンジンでは，検索ユーザーと検索エンジンに広告を出す広告主とが需要者です）。そこで，プラットフォーム・ビジネスには従来の分析アプローチが当てはまらないと指摘されています。たとえば，2014年の Facebook（FB）による WhatsApp（WA）買収では，両社が保有する個人データの統合によって，WA の個人情報を利用した FB の広告機能の精度向上と WA を FB で広告することによる WA の利用拡大という，それぞれのプラットフォームの競争力強化が懸念されました。

　他方，最近は，必ずしも高い売上や資産，市場シェアを有していないスタートアップであっても有望な技術やビッグデータを保有していることがあり，このようなスタートアップの買収については，売上高等に基づく従来の届出基準では企業結合の届出が必要とされず，捕捉できない可能性があります。

　そこで，日本の公正取引委員会は，外国の例をふまえつつ，2019年12月に「企業結合審査に関する独占禁止法の運用指針」と「企業結合審査の手続に関する対応方針」を改正して，プラットフォーム・ビジネスに関する競争分析の考え方を示しました。また，届出規則を改正して，買収対価の総額が400億円を超え，かつ，国内の需要者に影響を与えると見込まれる企業結合計画については，売上高に基づく義務的な届出基準に該当しなくても，公正取引委員会へ事前に相談することを推奨しています。

デロイトトーマツベンチャーサポート株式会社
スタートアップ事業部　M&Aアドバイザリーリーダー

粂田　将伸

聞き手：弁護士　清水　亘（以下 **S**），戸倉　圭太（以下 **T**）

S 初めまして。いつも弊所のM&Aグループがお世話になっており，ありがとうございます。早速ですが，貴社の概要と，粂田様のお仕事の内容について伺えませんでしょうか。

　こちらこそ，いつも戸倉先生にお世話になっております。コロナもあって，お目にかかるのはお久しぶりです。よろしくお願いいたします。

　まず，当社は大企業とスタートアップとの提携のお手伝いをしています。具体的には，①スタートアップ支援，②大企業の新規事業創出支援，③官公庁や地方自治体と連携しての，創業・スタートアップ政策支援です。①は，スタートアップ企業に必要な支援を幅広く実施し，世界に通用するメガスタートアップの創出を目指しています。②は，スタートアップ支援の実績を生かして，大企業における，新規事業創出の「仕組みづくり」「事業立ち上げ」をお手伝いしています。

　私が所属するスタートアップ事業部は，成功した起業家を輩出するスタートアップエコシステムの創出に貢献することを目指しています。M&Aだけでなく，事業拡大から上場支援，エグジット後のキャリアプラン全般にわたるスタートアップ支援を推進しています。M&A後，エンジェル投資家を目指す方や再度起業を行う方に，シード期のスタートアップを紹介する活動もしています。

　私自身はM&Aを専門的に取り扱っております。M&Aにおいては，仲介ではなく，SellサイドかBuyサイドどちらか片方のアドバイザーとして付きます。基本的には，スタートアップ側，つまり，Sellサイドのアドバイザーになることが多いです。M&Aを成功させるために我々がスタートアップに提供しているのは，①買い手を知ること

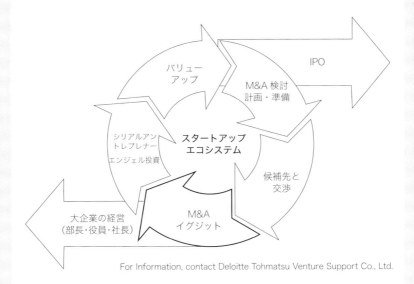

バリュー
アップ

IPO

M&A 検討
計画・準備

シリアルアン
トレプレナー
エンジェル投資

スタートアップ
エコシステム

候補先と
交渉

大企業の経営
（部長・役員・社長）

M&A
イグジット

For Information, contact Deloitte Tohmatsu Venture Support Co., Ltd.

（Buy サイドの中期経営計画や M&A ニーズの把握），②スタートアップ
に多い無形資産を可視化して，Buy サイドに伝えること，③交渉環
境の構築（期限を区切り，複数の Buy サイドと同時並行で交渉するなど
の方法によって，交渉のサポートすること），という 3 つの価値です。

Ｓ スタートアップが，上場ではなく，M&A を選択するメリットは
何でしょうか。

　起業家は IPO（Initial Public Offering）を目指すべきというイメー
ジをもたれがちですが，IPO と M&A の両方の現場を長年見ている中
で，M&A のメリットは非常に大きいと感じるようになりました。今
回はそちらをメインでお話ししたいと思います。

　M&A のメリットは枚挙にいとまがありませんが，①顧客獲得機会
等の増加（資本提携先の販路，信用力を生かした顧客獲得機会，大企業と
のコラボレーションによる共同商品開発・販売機会など），②資金獲得
（資金調達に時間をとられず，事業に集中できることなど），③人材獲得・
定着（採用ファネル（対象層）の拡大，コンバージョン率（成約率）や人
材の質の向上，大企業の信用補完による定着率の向上など），④バックオ

フィスの共通化（大企業の管理部門を活用して効率化），⑤既存株主の
エグジット機会の創出，⑥創業者利益の確保（上場の不確実性の排除
やキャピタルゲインの獲得など。銀行の個人保証を解除できるのは，特に
大きい），⑦社会的意義（大企業の資本を生かした生産性の向上，大企業，
スタートアップ双方の事業拡大機会の創出など）があります。要するに，
ポイントは，大企業の販路，信用力，設備などを生かして事業拡大に
注力できるということだろうと思います。

　さらにいえば，⑧買収対象であったスタートアップの人材が買収し
た大企業を支えることもあります。スタートアップの人材が大企業の
役員になって大企業をリードしたり，スタートアップの人材が大企業
の事業で大きな利益を上げることに貢献したり，という事例は，あま
り表に出てきませんが，M&A の成功例といえるのではないでしょう
か。やはり，スタートアップは人が資産だ，ということだと思います。

Ⓣ　貴重な洞察をいただきました。上場という選択をすると，上場し
　　た後，次にどこを目指すのか，新たな目標設定が難しいことがあ
　　ります。そういう意味では，M&A は，望ましい手段の１つだと
　　いえると思います。

Ⓢ　ありがとうございます。M&A はいいことずくめですね。念のた
　　めで恐れ入りますが，スタートアップの M&A のデメリットと申
　　しますか，気を付けるべき点は何がありますでしょうか。

　はい，残念ながら，気を付けるべき点もあります。まず，① M&A
をすると，意思決定のスピードが遅くなることもあります。上場を目
指す場合，上場基準に従って内部管理体制を整備しますが，上場レベ
ルの準備ができていないスタートアップが M&A をして大企業に取り
込まれますと，大企業の複雑なレポートラインの中で，スピード感を
持って動くことができないのです。

　また，② M&A の場合には，エグジットしたけれど，創業者利益は
ほとんどないという話を耳にします。10年ほど前に優先株式が登場
したことで，普通株式を保有する創業者にはメリットがないことが増

えました。スタートアップに対する評価が高くない場合（アンダーバリュエーションの場合）は特にそうです。M&Aと上場のEBITDA倍率を比較しますと，見かけ上は，M&Aのほうがバリュエーションは低くなりがちです。ただ，M&Aは相対取引なのでシナジー次第で上場を上回るバリュエーションがつくこともあり，事案によると思います。

🅣 おっしゃるとおりです。既存優先株式について，優先性のリストラクチャリングをしてからM&Aをすることを考えざるをえないような場合もあります。優先株式の株主のみなさんの理解を得る必要があります。

🅢 粂田様＝戸倉チームで，ぜひ，創業者に利益が残るようなM&Aスキームを新開発なさってください。ところで，どのようなタイプのスタートアップがM&Aに向いているのでしょうか。

　まず，①会社のビジネスプランや創業者のキャリアプランが明確な場合です。ビジネスプランについては，上場までのロードマップとミッシングピース（欠けている部分）を把握できている場合には，むしろM&A向きです。また，大企業で事業を拡大する，シリアルアントレプレナー（連続起業家）になる，エンジェル投資家になるなど，創業者のキャリアプランが明確な場合にも，M&Aは望ましい選択肢といえます。

🅣 経営者の属性による違いをお感じになることはありますか。たとえば，大企業を経て起業した人はM&Aを目指すことが多く，学生起業の人は上場を目指すことが多い，というような傾向があるのでしょうか。

　昨今では，起業家の多くがM&Aという選択肢を念頭に置いていると思います。3分の2以上の起業家がM&Aを視野に入れているというアンケート結果もあります。上場もM&Aも事業拡大の手段ですので，適切なほうを選択しているといえるのではないでしょうか。

それから，②上場とM&Aのメリット・デメリットをきちんと把握している場合も，M&Aに向いています。

　あとは，③M&Aの買い手の経営課題やニーズに基づいている場合や④過去にスタートアップM&Aの実績が多い業界の場合も，M&Aが進みやすいです。M&Aの実績が少ない業界にチャンスがないわけではありませんが，M&Aに至るまでにたくさんの説明をする必要がありますので，スタートアップにコミュニケーションコストがかかります。そのような場合には，アドバイザーを起用するなどの方法を検討するほうがM&Aはうまくいきます。

　また，⑤自社の事業だけでなく，大企業向けに新規事業を提案して未来図を想像させることができるようなスタートアップは，M&A向きです。大企業もスタートアップのアイデアに乗りやすいのです。他方で，⑥取引事例に鑑みますと，バリュエーションが10億円を超えると極端にM&Aの成約数が少なくなります。結局，シリーズAまたはBの資金調達の手前あたりが，M&A検討の分岐点なのかなと思います。もっとも，⑦スイングバイIPO（大企業の傘下で急成長した後に株式の上場を目指す成長モデル）の場合には，ステージにかかわらず，M&Aのチャンスがあります。スイングバイは，宇宙船が星の重力に引っ張られて加速することに由来する表現ですが，スタートアップには，大企業の顧客や販売網を生かしてバリュエーションを引き上げることを狙います。大企業としては，どのような企業がスイングバイIPOを検討しているか把握しておくことが重要になります。

Ⓢ　M&Aを視野に入れる大企業としては，スタートアップの情報を常に収集しておくことが重要だということですね。日本の事業会社とスタートアップとのM&Aの現状に関して，どのような問題意識をお持ちでしょうか。

　まず，事業会社側の問題として，①伝統産業によるスタートアップM&Aが少ないという問題があると思います（プレーヤーの問題）。スタートアップM&Aを活用しているのは，主に1995年以降設立の新

興企業ですが，産業の新陳代謝を促すためにも，革新の最前線にいる国内スタートアップを伝統産業が買収する事例の増加が期待されます。コロナ禍もあって，徐々に伝統産業の意識も変わってきていると信じたいところです。

次に，②のれん償却問題です。のれんの償却は，買手の PL（Profit and Loss：損益計算書）の費用に影響しますので，利益の厚みに乏しいマザーズ上場の会社などの場合には，現預金があってものれん償却の負担が重く，思い切った買収をしにくいという問題があります。このあたりは，制度的な手当てが必要かもしれません。

また，③ R&D（Research & Development：研究開発）貢献型 M&A がもっと増えるべきと考えています。M&A には PL 貢献型と R&D 貢献型の2パターンがありますが，PL 貢献型の M&A だけでなく，R&D 貢献型の M&A によってこそ，日本の生産性は向上していくと思います。経済成長（GDP 成長）は，(1)労働人口の増加，(2)資本の蓄積，(3)全要素生産性（Total Factor Productivity）によってもたらされますが，日本で唯一上昇し得るのは，生産性だけです。そこで，多くの企業がもっている R&D 予算を R&D 貢献型のスタートアップに投下することで人材や R&D のオポチュニティー（機会）を獲得することが望ましいと考えています。

そして，④事業会社が投資する金額に比べて，出資先スタートアップを M&A した事例が少ないのも問題だと考えています。年間1000億円単位で事業会社がスタートアップに出資しているにもかかわらず，出資先の買収に至る事例はまだまだ少ないです。業務提携，出資，資本提携の先に M&A があるとするならば，業務提携と資本提携の成功事例を増やしていく必要があるのではないでしょうか。

S なるほど。スタートアップの現状はいかがでしょうか。

はい，スタートアップの問題として，そもそも，①大企業とスタートアップとの情報格差があると考えています。大企業は M&A の情報を持ち合わせているのですが，スタートアップは上場の情報に偏りが

ちです。バリュエーションの話はもちろんのこと，どのようなタイミングで M&A を検討すべきかを含めて，上場と M&A の両方を支援できるデュアルトラック資本政策の支援体制が必要であると考えています。

　また，②バリュエーションの問題があります。現在の日本では，上場のバリュエーションのほうが M&A のバリュエーションよりも高い傾向があります。たとえば，2020年のマザーズ公募時価総額の中央値は66億円ですが，2020年のスタートアップ M&A で66億円を超えるディールはなかったと推定しています。M&A においても，もっと高いバリュエーションが付くようになることが望ましいと思います。

　先ほども申し上げましたように，③ EBITDA 倍率の問題があります。2020年の上場時の EBITDA 倍率の概算中央値は概算約19倍（PER27倍 × 1 － 実効税率30％ 想定，減価償却費等は考慮外）と推定されるところ，M&A 時の EBITDA 倍率は，業種によって異なりますが，通常 3 倍から10倍程度です。したがって，確かに，申請期に利益が出る見込みであればバリュエーション的には上場が有利ということになります。もっとも，M&A は相対取引ですので，シナジーによっては上場を上回るバリュエーションが付くことがあります。また，シード期，シリーズ A，シリーズ B の手前であれば，事業をスケールさせる確実性を担保するために M&A を活用することも手段の一つではないかと思います。業歴が長く，既存 VC ファンドの満期が迫っている場合などには，スイングバイ IPO の活用も検討の余地があります。

　そして，④スタートアップは，大企業の売上拡大に貢献する視点をもって未来図を描く必要があります。M&A のベースは業務提携にあり，その先に資本提携があるのですから，スタートアップは，提携によるシナジーについて自社の売上を増やす視点だけでなく，大企業の売上を増やす視点が必要だと思います。具体的には，スタートアップが大企業の単価，数量，リピートにどのように貢献できるかを提案し，シナジーを生み出す未来図を描くことが必要です。そのために，⑤スタートアップは，大企業側の IR 資料や中期経営計画には載っていな

い経営課題を適切に把握する必要があります。スタートアップが大企業側の課題を適切に把握できるようになれば，スタートアップ×大企業の掛け算によるシナジー創出の機会がより生まれやすくなると考えています。

S 最後に，日本のスタートアップを取り巻く環境をどのように見ていらっしゃるか教えてください。

　コロナ禍の2020年であっても，スタートアップの資金調達総額は，約4600億円[1]に上りました。スタートアップに回るお金は増えています。こうした状況の中で，１社でも多くの成功したスタートアップが登場し，スタートアップエコシステムがさらに醸成されることを期待しています。

S 本日はお忙しいところ，ありがとうございました。

（2021年6月9日（水）10時00分〜11時00分）

1　出所：株式会社ユーザベース／INITIAL「2020年 Japan Startup Finance 〜国内スタートアップ資金調達動向決定版〜」（2021年2月4日）

　　https://initial.inc/enterprise/resources/startupfinance2020

第 4 章

上場の検討

Scene 13　上場について考えてみる

　AMT の業容も順調に拡大し，上場も視野に入るようになってきた。上場の準備の過程では，上場後を見据えた**コーポレート・ガバナンス（CG：Corporate Governance）**の構築を避けて通ることはできない。鞆津の知人で証券会社勤務経験があり，現在はコンサルタントをしている山田の話を聞いてみることにした。山田からは，近年，上場会社においてコーポレート・ガバナンス改革が進んだこと，ガバナンスに対する機関投資家の目は年々厳しくなっていること，より実効的なガバナンス体制の構築という観点では，社外取締役の独立性から取締役会の多様性に問題意識のフォーカスが移りつつあることなどの話があった。さらに，上場会社には，**情報開示**の体制，内部統制，**インサイダー取引**の防止を含む**コンプライアンス（法令遵守）体制**の整備が求められることも認識を新たにする必要があった。

Point

- 上場後は，法定開示・適時開示，IR（Investor Relations：投資家向け説明）などによる情報開示が重要となるほか，コンプライアンスや社会的責任の視点も不可欠です。
- 近時は，ESG（Environment, Social, Governance）開示などサステナビリティに関する情報提供が注目されています。
- コーポレート・ガバナンスは，企業の健全で長期的な成長のために重要です。
- 特に，スタートアップは，成長ステージに応じた適切なコーポレート・ガバナンスを意識して機関設計を考える必要があります。
- 上場審査においても，コーポレート・ガバナンスが審査の対象となります。
- 取締役は，その職務に関して任務懈怠があった場合には，会社に生じた損害についての責任を追及されるリスクがあります。
- 上場すれば，インサイダー取引の防止がコンプライアンス上の重要な課題になります。

図表13-1 上場会社に求められる体制

■ 上場後に改めて留意すべきこと（概観）

項目	概要
コーポレート・ガバナンス	・ 会社が透明・公正かつ迅速・果断な意思決定を行うための仕組み （例）会社の機関設計，役員の責任，サステナビリティなど
情報開示とコミュニケーション	・ 法令や取引所規則に基づく情報開示 ・ ステークホルダー（利害関係者）とのコミュニケーション （例）法定開示，適時開示，IR（投資家向け説明）など
コンプライアンス（法令遵守）	・ 上場会社としての法令遵守 （例）インサイダー取引防止，役員の善管注意義務，従業員の労務管理
企業の社会的責任（CSR）	・ 社会にとって望ましい組織や個人として行動すべきという考え方 ・ ISO26000，JISZ26000「社会的責任に関する手引」 ・ ESG（環境・社会・ガバナンス）やSDGs（持続可能な開発目標） （例）環境配慮型工場，調達における人権尊重，女性役員比率など

図表13-2 コーポレート・ガバナンスの重要性

コーポレート・ガバナンスの意義

・ 会社が，株主をはじめ顧客・従業員・地域社会等の立場をふまえたうえで，透明・公正かつ迅速・果断な意思決定を行うための仕組み

・ 日本取引所グループの「コーポレートガバナンス・コード」（CGコード）

> 2021年6月の改訂で，以下の点についても規定
> ① 取締役会の機能発揮
> ② 中核人材の多様性（ダイバーシティ）
> ③ サステナビリティを巡る課題への取組み
> ④ 知的財産への投資等

コーポレート・ガバナンスは，スタートアップにとっても重要

> ➢ 不祥事を未然に防ぎ，企業を中長期的に成長させる
> ➢ 上場審査における審査対象項目

Ⅰ．上場会社に求められる体制

　株式を上場することによって，会社を取り巻くステークホルダー（利害関係人）は圧倒的に多くなります。そこで，上場会社は，市場原理に則って，株主や投資家のみならず経済社会全体に対して説明可能な方法で利潤を追求し，社会的責任を果たす必要があります。すなわち，上場会社は，①その企業規模に応じて，適切なコーポレート・ガバナンスを構築することが求められます。また，②ステークホルダーへの説明責任を果たす観点から，適時適切な会社情報の開示を行うとともに，ステークホルダーと積極的なコミュニケーションを図る必要があります[1]。たとえば，株主に対しては，配当性向（当期純利益のうち配当で還元されている割合）の明示など利益還元策の説明も重要です。そして，③不祥事を防止するための内部統制の整備およびコンプライアンス（法令遵守）への配慮も厳しく求められます。とりわけ，上場後は，インサイダー取引（後述）を防止するため，情報管理や株式取引に関するルールの徹底が不可欠です。さらに，近時は，④企業の社会的責任（CSR：Corporate Social Responsibility）が問われ，SDGs（Sustainable Development Goals：持続可能な開発目標）への対応もその一環と捉えられています。

Ⅱ．コーポレート・ガバナンスの重要性

　コーポレート・ガバナンスとは，一般に，会社が自らの立場をふまえたうえで，「透明・公正かつ迅速・果断な意思決定を行うための仕組み」であると理解されています。ただし，コーポレート・ガバナンスを整備しても，少なくとも短期的には売上や利益の向上に直結しないので，スタートアップがどの程度の手間やコストをかけるべきかは悩ましい問題です。スタートアップであれば，初めから大企業のように重厚なシステムを整備する必要はありません。とはいえ，コーポレート・ガバナンスは，不祥事を未然に防ぎつつ，初期の個人商店のような形態から組織力を高めて企業を中長期的に成長させていくために必要不可欠のものであると認識し，成長ステージに応じて適切なコーポレート・ガバナンスを整備することが重要であるといえます。

図表13-3　上場に必要なコーポレート・ガバナンス

- 証券取引所の実質基準に関する上場審査におけるチェック

> **コーポレート・ガバナンスに関するマザーズの上場審査項目のポイント（注）**
>
> ① 役員の適正な職務の執行を確保する体制
> ② 経営活動を有効に行う内部管理体制
> ③ 経営活動の安定かつ継続的な遂行，内部管理体制の維持に必要な人員の確保
> ④ 実態に即した会計処理基準を採用し，かつ会計組織が適切に整備，運用されている状況
> ⑤ 法令等遵守のための有効な体制（最近，重大な法令違反がなく，今後もそのおそれがないこと）

コンプライ・オア・エクスプレイン

「CGコード」は**「プリンシプルベース・アプローチ」（原則主義）**を採用

> ➢ 各社が
> 　① CGコードの各原則の趣旨・精神を適切に解釈
> 　② 実施が適切でないと考える原則については実施しなくてもよい（罰則なし）
> 　③ 実施しない理由を十分説明すること
> ➢ ただし，不実施の理由を説明しない場合には，公表措置等の対象となる可能性あり

（注）グロース市場も概ね同じと思われる。

図表13-4　株式会社の機関設計

> ## 会社の機関設計は，コーポレート・ガバナンスの基本

株式会社の機関設計パターン

> ① 取締役のみ
> ② 取締役会＋監査役
> ③ 取締役会＋監査役＋会計監査人

上場前は会社の
成長ステージに応じて
選択

> ④ 取締役会＋監査役会＋会計監査人
> ⑤ 監査等委員会設置会社
> 　（取締役会＋監査等委員会）
> ⑥ 指名委員会等設置会社
> 　（取締役会＋指名・報酬・監査委員会＋執行役）

上場時に求められる
機関設計

III． 上場審査におけるコーポレート・ガバナンス

　コーポレート・ガバナンスの整備は，上場を目指すに際しても非常に重要です。どの証券取引所に上場する場合であっても，証券取引所の行う審査（上場審査）を受ける必要があるところ，上場審査においては，形式基準のほか，上場申請会社が上場会社としてふさわしい実質的な内容を備えた会社であるかどうかを審査するための実質基準もクリアする必要があります。そして，実質基準の審査に際しては，その重要な項目の1つとして，コーポレート・ガバナンスの状況をチェックされます。実務的には，監査法人や上場の主幹事証券会社などのアドバイスを受けて，体制の整備を進めることが通常です。

　コーポレートガバナンス・コード（「CGコード」）は，会社の持続的な成長と中長期的な企業価値の向上を図ることを目的として，上場会社の実効的なコーポレート・ガバナンスの実現に資する主要な原則を取りまとめたものです[2]。このCGコードは，2021年6月に改正され，①取締役会の機能発揮のほか，②中核人材の多様性（ダイバーシティ），③サステナビリティを巡る課題への取組み，④知的財産への投資などについて規定されました。今後は，上場審査においても，これらの観点への対応が求められるものと思われます。

IV． 株式会社の機関設計とそのパターン（取締役のみ）

　会社の機関設計は，コーポレート・ガバナンスの基本です。株式会社の機関設計にはいくつかのパターンがあり，スタートアップの成長段階に応じて，使い分けることも考えられます。

　スタートアップでは，創業からしばらくの間は，創業者のみが株主であるか，創業者に加えて，経営には直接関与しないエンジェル投資家のみが株主になっている場合も多いと思われます。このような場合，最もシンプルな機関設計として，取締役（1名または複数名）のみを設置することがあります（図表13－5①）。

　この機関構成の場合には，株主自ら経営に関与することが想定されているため，株主総会の権限が大きく[3]，取締役に対する監督も，取締役会ではなく株主総会が担うことになります。

図表13-5　株式会社の機関設計のパターン

① 取締役のみ

- 取締役（1名または複数名）のみを設置する最もシンプルな機関設計

■ 株主自ら経営に関与することを想定（株主自身による監督権限を拡充）

② 取締役会＋監査役

- 取締役会を設置して，会社の意思決定プロセスを明確化（議事録も作成保存）

■ 取締役会が代表取締役・業務執行取締役による職務執行を監督

■ 監査役は取締役の職務執行のチェック（業務監査）と会計監査を行う

■ 上場を具体的に目指す段階までは，この機関設計の採用が多い

③ 取締役会＋監査役＋会計監査人
④ 取締役会＋監査役会＋会計監査人

- 会社法上の大会社に該当する場合，会計監査人の設置義務あり

■ 上場前には，監査役会は必須でない

■ 上場申請期間の直前2期間（2会計年度）は，監査法人等による監査証明が必要

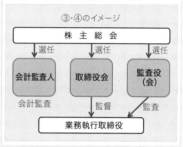

③・④のイメージ

図表13-6　株式会社の機関設計のパターン（続）

⑤ 監査等委員会設置会社

- 業務監査の機能は監査等委員会が担う

■ 近年，上場会社による採用増

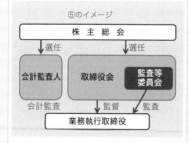

⑤のイメージ

⑥ 指名委員会等設置会社

- 経営と執行を厳しく分離（米国の制度類似）
- 業務執行は執行役が担う
- 業務監査の機能は監査委員会が担う

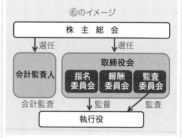

⑥のイメージ

Ⅴ．株式会社の機関設計とそのパターン（取締役会＋監査役・取締役会＋監査役（会）＋会計監査人）

　スタートアップでは，ある程度企業規模が拡大してベンチャー・キャピタル（VC）などから出資を受け入れた段階で，取締役会と監査役を設置することが多いと思われます（**図表13－5②**）。

　取締役会があれば，会社の意思決定プロセスが明確化され（議事録も作成保存されます），監査役が取締役の職務執行をチェックし（業務監査），会計監査も行うので，コーポレート・ガバナンスの強化に資するといえます。取締役会は，3カ月に1回以上，代表取締役および業務執行取締役から，職務執行の状況に関する報告を受けることとされており（会社法363条2項），取締役会は，代表取締役を不適任と認めた場合には，解職することができます（同法362条2項3号）。

　スタートアップでは，上場を具体的に目指す段階に入るまでは，この機関設計を採用することが多いです。なお，コーポレート・ガバナンスの観点からは，単に取締役会を設置しているだけでは不十分であり，取締役会の開催頻度や，監査役の牽制機能が適切に働いているかといった運用の実質面も重要です。

　上場申請期間の直前2期間については監査法人等による監査証明が求められるため，会計監査人の設置が必要です（**図表13－5③④**）。（会社法上の大会社に該当しない限り）上場前の段階で監査役会を設置することは必須ではありませんが，コーポレート・ガバナンス強化の観点から監査役会を設置する場合は，3名以上の監査役が必要であり，そのうち半数以上は社外監査役である必要があります（同法335条3項）。

Ⅵ．株式会社の機関設計とそのパターン（その他の機関設計）

　より経営と執行の分離を進めるという観点から，業務監査の機能を3名以上の取締役（うち過半数は社外取締役）で構成される監査等委員会が担う監査等委員会設置会社（**図表13－6⑤**）や，3名以上の取締役（うち過半数は社外取締役）で構成される指名委員会・報酬委員会・監査委員会の3委員会を設け，業務執行は取締役会が選任する執行役が担う指名委員会等設置会社（**図表13－6⑥**）を採用することもできます。

図表13-7　株式会社の機関設計における留意点

社外取締役

- 公開会社・大会社である監査役会設置会社は，社外取締役の設置義務
- 上場を目指す場合，どの機関構成でも社外取締役の確保が必要

独立役員

- 一般株主と利益相反が生じるおそれのない社外取締役・社外監査役（要件厳格）
- 上場企業は，①経営陣から独立した役員（独立役員）1名以上＋②独立取締役を少なくとも1名以上を確保する努力義務

内部管理体制

- 上場審査では，経営活動を有効に行うための**内部管理体制とその運用もチェック対象**
    - ✓ 内部管理体制が適切な規模か，公正かつ独立な立場から実施可能な体制か など

図表13-8　取締役の義務と責任

経営判断の原則と取締役の善管注意義務

- 取締役の経営判断は，判断内容に著しく不合理な点がない限り，法律上責任を問われない（広範な裁量あり）
- 取締役は，会社の経営について，**善管注意義務**（一般的な注意を尽くすこと）を負う
- 他の取締役および使用人に対する**監督（監視）する義務**もある
- 取締役に**任務懈怠（悪意または過失）**があれば，会社に生じた損害を賠償

■ 取締役への責任追及の方法

株主代表訴訟	取締役の会社に対する責任を，株主が，会社に代わって行使 ・ 1株でも保有していれば提訴可 ・ 公開会社では，6カ月間，株式を継続保有していることが必要
第三者訴訟	取締役に悪意・重過失があった場合，第三者の損害を賠償

VII. 社外役員・独立役員および内部管理体制について

　上場時には，どの機関設計を採用した場合でも会社法に定める社外取締役を確保することが必要です[4]。また，東京証券取引所では，上場企業に対して，一般株主保護の観点から，経営陣から独立した役員（独立役員）を1名以上[5]確保することを求めており，独立取締役（取締役である独立役員）を少なくとも1名以上確保する努力義務も課しています。独立役員の要件は，会社法における社外取締役の要件よりも厳しくなっているため，注意が必要です[6]。

　また，上場審査にあたっては，会社法上の機関を整えてそれが有効に機能しているだけでなく，「経営活動を有効に行うため，その内部管理体制が相応に整備され，適切に運用されている状況にあること」も求められます。内部管理体制の整備，運用状況については，社内諸規則の整備状況や実際の管理状況などもふまえてチェックされることになるので，上場を見据えた場合は早めにそのような内部管理体制を整備して確実に運用していく必要があります。

VIII. 取締役の責任およびその追及方法

　取締役が会社に対して負っている善管注意義務および忠実義務を適切に果たさず，任務の懈怠（悪意または過失）があった場合には，当該取締役は，会社に生じた損害を賠償する必要があります（会社法423条1項）。もっとも，取締役が委縮することなく業務を執行するため，取締役の業務執行に際して広範な裁量が認められており，善管注意義務が尽くされたか否かは，①合理的な情報収集，調査，検討等が行われたか，②その状況と取締役に要求される能力水準に照らして著しく不合理な判断内容でなかったか，という2つの基準で判断されます（経営判断の原則）。

　また，株主代表訴訟制度により，会社が訴えなくとも，株主が訴えることによって，取締役は個人として損害賠償責任を負う可能性があります（同法847条）。取締役在任中に生じた責任については，株主は退任した取締役に対しても代表訴訟を提起できるので[7]，取締役は，会社設立当初から自らの責任を適切に果たすよう留意する必要があります。

図表13-9　会社補償，D&O保険

補償契約とは	

役員等が職務執行に関して責任追及に係る請求を受けたこと等によって要する
費用等の全部または一部を会社が補償する契約

手続上の留意点	・会社補償は，役員等との間の補償契約締結が必要 ・補償契約の内容決定は**株主総会**（取締役会設置会社においては取締役会）決議による
補償契約を締結していても補償できない範囲	・役員が負担した**防御費用**のうち，**通常要する費用の額を超える部分** ・会社が損害を賠償した場合に，**会社が役員等に求償できる部分** ・役員等が職務について悪意または重過失で賠償責任を負う場合の損失（賠償金や和解金）

D&O保険とは	

役員などを被保険者として，会社が加入する役員賠償責任保険

D&O保険でカバーされる範囲	・役員等が**職務執行に関して責任追及**を受けたこと等で要する費用等の一部をカバー
手続上の留意点	・D&O保険の内容決定は**株主総会**（取締役会設置会社においては取締役会）決議による

図表13-10　情報開示とコミュニケーション

情報開示	

有価証券の公正な価格形成と**投資家保護**を目的とした**上場会社の義務**（罰則等あり）

種類	根拠	内容等		
法定開示	金融商品取引法	**発行開示** 発行市場における開示 ・有価証券届出書など		**有価証券の募集・売出しの際**に発行会社に求められる開示
		継続開示 流通市場における開示 ・有価証券報告書 ・四半期報告書 ・臨時報告書など		上場有価証券等の発行会社に求められる**定期的な**開示
適時開示	証券取引所規則	**重要な会社情報を適時・適切に**開示		

IX．会社補償，D&O保険

　取締役や監査役は，委任事務を処理するため自己に過失なく損害を受けた場合には，会社に対して，補償を請求できると考えられます。そして，2021年3月に施行された改正会社法によって，「会社補償」の範囲や手続が明確化されました（同法430条の2）。会社は，役員等との間で，補償契約（役員等が職務執行に関して責任追及に係る請求を受けたこと等により要する費用等の全部または一部を会社が補償する契約）を締結できます。責任限定契約は，業務執行取締役は締結できませんが，補償契約は業務執行取締役も締結できます。

　また，会社が，保険会社が提供する会社役員賠償責任保険（「D&O保険」）に加入している場合には，役員等がその職務執行に関して責任追及に係る請求を受けたこと等により要する費用等の一部がカバーされる可能性があります。スタートアップにおいても，取締役や監査役としての適切な人材確保に資するD&O保険への加入や補償契約の導入は今後増えることが予想されます。

X．情報開示

(1)**法定開示**　　証券取引所の上場銘柄となれば，金融商品取引法（「金商法」）に基づき，財務情報等の企業内容等に関して，有価証券報告書等による継続開示義務を負います。また，全ての株式会社は，決算期ごとに計算書類，事業報告，これらの附属明細書（あわせて「計算書類」）を作成しなければならず（会社法435条），計算書類の作成は上場後も引き続き必要です。なお，上場前であれば計算書類の公告も必要ですが，上場会社は金商法に基づき有価証券報告書を提出し，これが公衆縦覧されるため，別途公告をする必要はありません（会社法440条）。

(2)**適時開示**　　上場会社は，法定開示とは別に，証券取引所の規則に基づく適時開示（いわゆるプレスリリース）が義務付けられています。これは，投資家が的確かつ迅速に投資情報を入手できるようにするための証券取引所の規制です。適時かつ適切な開示は投資家の信頼の確保・維持に不可欠です。

(3)**自発的な情報開示**　　上場会社には，IR（Investor Relations）などを通じた，事業戦略等に関する自発的な情報の開示・発信も必要です。上場後のIR活動の準備は，上場準備期間中から始める必要があります。

図表13-11　インサイダー取引の防止

インサイダー取引規制

未公表の会社情報に近い特別な立場にある者が，一般投資家との間の情報格差を利用して株式等を取引することを禁止（投資家の信頼を確保）

ポイント	コメント
上場会社等の「会社関係者」は	・上場会社の親会社と子会社は「上場会社等」に含まれる ・「会社関係者」は役員，従業員（派遣社員，パート，アルバイト等）を含む ・「会社関係者」でなくなった後1年間は規制対象 ・「会社関係者」から「重要事実」の伝達を受けた「情報受領者」も規制対象 ・「情報受領者」は「会社関係者」の家族や知人・友人に限らない
業務等に関する「重要事実」を	・創業者の代表取締役退任は重要事実になり得る
「職務等に関し」知った場合(注)	・会社の飲み会で知った場合も規制対象になり得る
その重要事実が「公表」される前に	・スクープや憶測記事が出ても法令上は「公表」前
当該上場会社等の株式等の「売買等」をしてはならない	・損をしても刑事罰の対象

（注）・未公表の「重要事実」を伝達することは原則として規制対象外
　　　・ただし，他人に利益を得させlabまたは損失の発生を回避させる目的での情報伝達行為や取引推奨行為は禁止

図表13-12　インサイダー取引の防止（続）

「重要事実」の分類(注)

分類	重要事実の内容	重要事実の項目例
① 決定事実	法令に定める一定の重要な事項を会社が決定したこと	・株式の募集 ・業務提携 ・合併
② 発生事実	法令に定める一定の重要な事実が会社に発生したこと	・業務遂行の過程で生じた損害 ・債権者による債務の免除
③ 決算情報	会社が公表済みの売上高等の予想値に比較して新たに算出した予想値等において一定の差異が生じたこと	・業績予想の大幅な修正 ・配当予想の大幅な修正
④ バスケット条項（包括的規制）	①〜③を除く，会社の運営，業務または財産に関する重要な事実であって，投資判断に著しい影響を及ぼすもの	・巨額の架空売上が判明 ・製品の検査数値の改ざんを確認 ・不適切な会計処理が判明
⑤〜⑧ 子会社に係る重要事実	子会社の情報であって企業集団全体の経営に大きな影響を与えるもの	―

（注）証券取引所規則上の適時開示事由との対応関係は，日本取引所グループ「適時開示項目に関連する条文一覧」参照

➤ 要件に該当すると，刑事罰の対象（取引をした者：懲役，罰金，またはその両方の併科）
　・法人の役職員が法人の業務・財産に関してインサイダー取引を行った場合，法人も罰金（両罰規定）

XI. インサイダー取引規制対応等

(1) インサイダー取引とは，未公表の会社情報に近い特別な立場にある者（インサイダー）が，一般投資家との間の情報格差を利用して株式その他の有価証券を取引することです。インサイダー取引は，金融商品市場の公正性と健全性に対する投資家の信頼を損なう行為として，刑事罰をもって禁止されています（金商法166条1項・3項，197条の2第13号等）[8]。インサイダー取引の防止は，株式の上場後に最も気を付けなければならないコンプライアンス上の課題の1つといえます[9]。

(2) インサイダー取引規制をポイントに分解すると，①上場会社等の役職員等の **「会社関係者」** は，②当該上場会社等の業務等に関する **「重要事実」** を，③その **「職務等に関し」** 知った場合には，④その重要事実が **「公表」** される前に，⑤当該上場会社等の株券等の **「売買等」** をしてはならない，となります。

また，**「会社関係者」** から **「重要事実」** の伝達を受けた **「情報受領者」** もインサイダー取引規制の対象です（同法166条3項）。インサイダー取引の結果，損をしても刑事罰の対象になります。

(3) 「重要事実」は，①決定事実，②発生事実，③決算情報に大別され，法令に具体的な内容が列挙されています。なお，「重要事実」に該当しない軽微基準が定められています（有価証券の取引等の規制に関する内閣府令49条以下）。他方で，個別列挙された具体的な項目以外の事項を包括的に規制する，いわゆるバスケット条項も定められていますので，注意が必要です（金商法166条2項4号・8号）。

(4) 法令上「重要事実」の「公表」が認められる方法は3つだけです（金商法166条4項）。すなわち，①上場会社が **TDnetを通じて公表するプレスリリースに記載すること**，②**法令に定める2つ以上の報道機関に公開してから12時間が経過すること**，③上場会社が **EDINETを通じて提出する有価証券報告書等に記載する** ことです。上場会社自身のウェブサイトで公開しても，「公表」には該当しません。

(5) 上場後，時機を見計らって，IPOによる売出しで売却されなかった創業者等の保有株式の売却が検討されることがありますが，インサイダー取引規制との関係で，売却時期についての慎重な検討が必要です。

■注

1 　金融庁「投資家と企業の対話ガイドライン」（2021年6月11日）

　　https://www.fsa.go.jp/news/r2/singi/20210611-1/01.pdf

2 　東京証券取引所「コーポレートガバナンス・コード」（2021年6月11日）

　　https://www.jpx.co.jp/equities/listing/cg/tvdivq0000008jdy-att/
nlsgeu000005lnul.pdf

3 　取締役会のみが設置された株式会社の株主総会は，会社法に規定する事項およ
び株式会社の組織，運営，管理その他株式会社に関する一切の事項について決議
をすることができます。たとえば，譲渡制限株式の譲渡承認に関する事項等や，
利益相反取引，競業取引の承認に関する事項等は，取締役会設置会社では取締役
会決議事項ですが，取締役会を設置しない場合には，株主総会の権限とされてい
ます（会社法295条1項・2項）。

4 　2019年の会社法改正により，上場会社等の有価証券報告書提出会社であって，
公開会社・大会社である監査役会設置会社には社外取締役の設置が義務化されま
した（会社法327条の2）。

5 　なお，CGコードでは，「独立社外取締役を少なくとも2名以上選任すべきであ
る」（原則4－8）としていますが，これは上場会社に2名以上の独立社外取締役
の選任を義務付けるものではない，とされています。

6 　東京証券取引所「独立役員の確保に係る実務上の留意事項」（2022年4月改訂
版）※2022年4月4日から適用

　　https://www.jpx.co.jp/equities/listing/ind-executive/tvdivq0000008o74-att/
nlsgeu0000064zhp.pdf

7 　創業したスタートアップを売却して経営から離れた場合でも，新しい株主から
創業者が株主代表訴訟を提起される可能性はありますし，そのような実例もしば
しば見られます。

8 　なお，インサイダー取引によって得た財産は没収されます（金商法198条の2第
1項）。また，法人については，インサイダー取引を行った個人だけではなく，法
人にも罰則の適用があります（両罰規定。同法207条1項2号）。

9 　インサイダー取引規制については，実務上，日本取引所自主規制法人が刊行し
ている「こんぷらくんのインサイダー取引規制Q&A」が簡潔で有益です。

Column：SPAC（特別買収目的会社）を利用した上場

　2021年6月18日に閣議決定された成長戦略実行計画には，「ウィズコロナ・ポストコロナの世界における我が国企業のダイナミズムの復活～スタートアップを生み出し，かつ，その規模を拡大する環境の整備」と題して，SPAC（Special Purpose Acquisition Company：特別買収目的会社）制度の検討が掲げられ[1]，マスコミでも大きく取り上げられました[2]。

　SPACとは，それ自体は特定の事業をもたず，未上場会社（主にスタートアップなど）を買収することのみを目的とした会社のことをいいます。SPACは，通常，創業直後に上場し，その後，未上場会社を買収し，買収対象会社の事業を営む上場会社として存続します。買収された未上場会社は，SPACを用いることによって，実質的に無審査で上場することになりますので，上場準備にかかる時間を短縮できるなどのメリットがあるとされます。

　SPACは，近年，特に活発に利用されており，上記実行計画によりますと，2020年には，SPACを用いた新規上場件数・調達額と通常の新規上場件数・調達額とが同等規模になりました。米国以外でも，英国，ドイツ，フランス，韓国などの主要取引所でSPACの利用が認められています。

　もっとも，日本には，個人投資家の割合が高く，スタートアップが比較的上場しやすいマザーズ市場（市場再編後はグロース市場）が存在しますので，SPACを利用した上場の必要性は高くないという指摘があります[3]。また，SPACの利用によって，実質的に，買収対象会社が上場審査を経ずに上場することになるともいえますので，投資家保護に欠ける「裏口上場」であるとの批判もあります。こうした批判や過去の事実に関して虚偽の説明を行った疑いがある事案の登場を受けて，米国でも，米証券取引委員会（SEC）がSPACに対する規制を強化しつつあります。わが国での今後の議論が注目されます[4]。

■注

1 内閣官房 成長戦略会議閣議決定「成長戦略実行計画」(2021年6月18日)
https://www.cas.go.jp/jp/seisaku/seicho/pdf/ap2021.pdf

2 日本経済新聞電子版「新興企業の資金調達支援 SPAC上場解禁など検討，政府」(2021年3月17日)
https://www.nikkei.com/article/DGXZQODF1737F0X10C21A3000000/

3 内閣官房 成長戦略会議スタートアップの育成の在り方に関するワーキンググループ(第2回)資料3「参考資料(金融庁)」(2021年4月19日)
https://www.cas.go.jp/jp/seisaku/seicho/wgkaisai/startup_dai2/siryou3.pdf

4 内閣官房 成長戦略会議スタートアップの育成の在り方に関するワーキンググループ(第2回)資料1「討議用メモ SPACにおける投資家保護の在り方等について(内閣官房成長戦略会議事務局・経済産業省経済産業政策局)」(2021年4月19日)
https://www.cas.go.jp/jp/seisaku/seicho/wgkaisai/startup_dai2/siryou1.pdf

Scene 14 上場を検討する

　WWR 社からの買収提案を拒否した AMT は，やはり，上場を目指すこととし，**主幹事証券会社，弁護士，監査法人**等を交え，上場および IPO のスキームについて本格的な検討を始めた。

　鞆津は，**エクイティ・ストーリー**を検討する中で，IPO の際には，ベンチャー・キャピタル（VC）等の既存株主のエグジットのための**株式の売出し**だけではなく，**募集による新株発行**を行い，まとまった金額の**資金調達**を実施したいと考えた。その資金を用いて，自社の研究開発を加速するだけでなく，ロボット製造の分野で急成長している他社を買収したいと考えたのである。一方，鞆津は，AMT の技術が海外でも高く評価されていることから，米国を含む海外の投資家にも AMT の株式を積極的に保有してもらうべく，IPO は**グローバル IPO** の形態にすべきと考えていた。さらに，**東京証券取引所への上場**のみならず**米国等の海外証券取引所への同時上場**も視野に入れていた。

　また，鞆津は，3 人が上場後も AMT の議決権の過半数を保有し，経営をリードし続けることができるようにするため，創業者株主だけは議決権を多く保有する複数議決権種類株式制度の実現可能性を検討することにした。

Point

- ●上場すれば，株式を用いた大規模な資金調達ができるようになります。
- ●上場戦略の策定にあたっては，各市場の相違点をふまえつつ，どの市場への上場を目指すのかが重要なポイントの 1 つとなります。
- ●IPO スキームの策定にあたっては，発行会社の資金計画や，上場後の投資家層の想定といった，発行会社の資本政策が重要な検討ポイントです。
- ●複数議決権種類株式については議論があります。

図表14−1　上場の意義とメリット

> **上場とは**
> **株式を証券取引所において取引可能とする**こと⇒ M&Aと並んで**典型的なエグジット**

上場のメリット

- 資金調達
  - ✓ 資本市場から直接，大規模な資金調達が可能
  - ✓ 多様な有価証券（種類株式，新株予約権付社債，普通社債等）による機動的な資金調達も可能
- 資本提携やM&A時に株式をより利用しやすい
- 内部管理体制の整備
  - ✓ 企業情報の開示や社内体制の整備等に関するさまざまなルールが適用
- 会社のブランド価値向上
  - ✓ 会社の知名度・社会的信用力が増大
- 優秀な人材の採用・従業員のモチベーション
- 投資家等のエグジット手段
  - ✓ 投資家は株式を株式市場で売却可能
  - ✓ 市場外での相対取引等による売却も幅広く可能

図表14−2　上場審査の項目と新市場区分において想定される企業のタイプ

上場審査の項目	流動性
	コーポレート・ガバナンス
	経営成績・財務状態

東京証券取引所の市場構造改革（投資家の利便性確保等のため，2022年4月4日目途に下記のとおり再編予定）

市場区分	想定される企業のタイプ
プライム	・多くの機関投資家の投資対象たり得る規模の時価総額（流動性） ・より高いガバナンス水準を備え，投資家との建設的な対話を中心に持続的な成長と中長期的な企業価値の向上にコミット ・一段高い水準のCGコード全原則の適用
スタンダード	・公開市場における投資対象として一定の時価総額（流動性） ・上場企業としての基本的なガバナンス水準を備え，持続的な成長と中長期的な企業価値の向上にコミット ・CGコードの全原則の適用
グロース	・高い成長可能性を実現するための事業計画と進捗につき適時，適切な開示が行われ，一定の市場評価が得られること ・事業実績の観点から相対的にリスク高 ・事業計画の合理的な策定と適切な開示 ・CGコードの基本原則のみ適用

Ⅰ．上場のメリット

　株式の上場は，スタートアップへ投資する投資家にとって，典型的なエグジット手法の１つです。上場のメリットはいくつかありますが，まず，①新規に株式を発行して幅広い投資家に販売することにより，資本市場から，直接，大規模な資金調達が可能となることが挙げられます。株式が上場されると広く一般に流通して株価が付され，一般投資家が株式に投資しやすくなります。また，②既存株主が保有する株式や，ストック・オプション保有者がオプションを行使して取得した株式が，市場で売却できるようになるので，これらのステークホルダーにエグジットの手段が提供されます。さらに，③新株予約権や種類株式などの多様な有価証券を使った資金調達も，上場前に比べてより大きな規模での実施が可能となりますし，株式を用いた資本提携やM&A等の実務的な選択肢も，格段に増えるといえます。④上場による知名度や信用力の向上がビジネスや人材獲得に役立つ場合には，そのような会社のブランド価値の上昇も上場の大きなメリットの１つといえるでしょう。

　もっとも，株式の上場にはデメリットもあります。すなわち，上場すれば，⑴IRのための情報開示が不可欠になることをはじめとして，⑵証券取引所のルール等に沿った会社運営のためにヒト・モノ・カネのいずれの点からも大きな負担が生じます。加えて，⑶一般株主から企業価値を絶えず向上させることを求められるので，会社や創業者は，経営の自由度という点で大きな制約を受けるという見方もあり得ます。そこで，安定的な成長を続けていてキャッシュフローが順調であり，資本市場からの資金調達の必要性を強く感じないスタートアップであれば，経営の自由度を維持するために上場しないという選択肢もあり得るかもしれません。

Ⅱ．東京証券取引所の市場構造改革

　東京証券取引所は，2022年４月４日を目途に，国内外の多様な投資者から支持を得られる魅力的な市場の提供を目的として，株式市場の区分を変更する準備を進めています。新規上場申請者は，新規上場を希望する市場区分を指定のうえ，新規上場申請を行うものとされています。

図表14-3　上場する市場の選択〜国内市場か海外市場か〜

	日本の証券取引所への上場	海外の証券取引所への上場
メリット	日本の株式会社を前提としたルールやシステム	① 海外でのブランド価値向上 ② 株主構成の多様化
留意点	準備に相応の時間とコストがかかる	・ 開示書類等を**日本語以外の言語で準備** ・ **情報開示や社内体制の整備等の義務**がより重い可能性

ニューヨーク証券取引所
(NYSE)　　　：米国
上場会社の株式時価総額は世界最大規模

NASDAQ　　　：米国
新興企業向けの株式市場。米国の有力IT企業が多く上場

ロンドン証券取引所: 英国
メイン市場（確立した大企業向け）とAIM市場（新興企業向け）

ユーロネクスト　　：欧州
アムステルダム，ブリュッセルおよびパリの証券取引所が統合

現在は欧州7か国で証券取引所を運営

フランクフルト証券取引所
**　　　　　　　　　：ドイツ**
Regulated Market（ドイツ法により規律）とOpen Market（証券取引所により規律）

上海証券取引所　　：中国
中国本土で設立された会社の上場を前提に，A株市場（人民元建で取引）とB株市場（外貨建で取引）

香港証券取引所　　：香港
メインボード（確立した企業向け）とGEM（Growth Enterprise Market：中小規模の企業向け）

図表14-4　複数議決権種類株式と上場

米国	**1株の議決権数に相違がある種類株式（Dual Class Stock）**発行可 ① 創業株主などが**支配権を安定的に保持** ② 長期的視点の経営で企業価値を向上
日本	**1単元を構成する株式数が異なる種類株式を発行**することで，実質的に同様の効果

> **東京証券取引所の上場審査等ガイドラインにおける**
> **「複数議決権種類株式制度を導入した会社による上場」**の要件の概要
>
> ① 株主共同の利益の観点から**必要性・相当性**が認められること
> ② 主要な目的が**取締役等の地位の保全または買収防衛策でない**こと
> ③ 目的，必要性，スキームが適切に開示されること
> ④ 議決権の多い株式等の株主が取締役等でない場合，(a) **議決権行使の目的や方針が明らかに不適切でなく，かつ，適切に開示される**こと，(b)発行会社の企業グループと議決権の多い株式等の株主（発行会社の親会社等に限る）の企業グループとの間に，**原則として事業内容の関連性，人的関係，取引関係がない**こと
> ⑤ 異なる種類の株主の間で利害対立が生じた場合に，株主保護の方策をとることが可能であること
> ⑥ 発行会社が親会社等と取引を行う際，**少数株主保護の方策**の見込みがあること
> ⑦ 株式に優先配当に関する定めがある場合，**配当を行うに足る利益の計上見込み**があること
> ⑧ その他株主・投資者の利益を害するおそれが大きいと認められる状況にないこと

Ⅲ．上場する市場の選択（国内市場か，海外市場か）

　日本の株式会社がその株式を上場する場合，通常，日本の証券取引所への上場が選択されます。もっとも，海外での幅広い事業展開を視野に入れているような会社であれば，①上場に伴うブランド価値の上昇を海外で獲得することを狙って，海外の証券取引所に株式を上場するという選択肢もあります。また，②海外投資家の参入による株主構成の多様化を会社にとってのメリットとする向きもあります。最近では，創業時からシンガポールや NASDAQ などでの上場を視野に入れているスタートアップも増えています[1]。

　ただし，海外の取引所に上場すれば，開示書類等を日本語以外の言語で準備しなければならない実務的な負担があるだけでなく，情報開示や社内体制の整備等に関してより重い義務が課せられることがあるので，慎重な検討が必要です。実務上は，まず日本の証券取引所への上場を実施し，次のステップとして海外の証券取引所への上場を検討することも多いといえます。

Ⅳ．複数議決権種類株式制度

　米国では，議決権数に相違がある複数の種類の株式（Dual Class Stock）の発行が可能であり，創業者や経営者等が議決権の多い株式を保有し，その他の議決権の少ない株式を上場させて一般の投資家が保有するスキームが採用されてきました。IT 系のスタートアップに多いといわれています[2]。

　日本でも，1単元を構成する株式数が異なる種類株式を用いて同様のスキームを導入することは可能であり，2014年には CYBERDYNE 株式会社がそのような種類株式を導入して上場しました。しかし，このスキームによる場合，東京証券取引所のルール上，通常の上場の場合に比べて多岐にわたる追加的な要件に適合する必要があり（図表14－4），それ以降の実例は増えていません。米国でも，創業者などが少ない株式数で会社支配権を独占することはコーポレート・ガバナンス上の問題があるという批判があります。日本でも，実際に導入するならば，投資家に対して必要性や相当性などを丁寧に説明できるよう，相当入念な準備が必要です。

図表14-5　株式のオファリングとしてのIPO

> **IPO（Initial Public Offering）（上場に伴う公募等）とは**
> 証券取引所への**上場に伴って**，幅広い投資家を対象として行われる**株式のオファリング**

IPOの 分類	募集	発行会社が新規発行する株式（または発行会社保有の自己株式）を販売
	売出し	IPO前からの既存株主が保有する株式を販売

■ **オファリングの種類**

オファリングの種類	海外での販売	米国での 登録手続	英文目論見書 の作成
海外公募 （米国公募の場合）	有	必要	必要
144Aオファリング	有 （米国では適格機関投資家のみ）	不要	必要
Regulation Sオファリング	有 （米国を除く）	不要	必要
臨報方式	有 （米国を除く）	不要	不要
国内IPO	無	不要	不要

図表14-6　上場・IPOの主要プレーヤー

④ 監査法人　　　　　　　　　　　　　　　　　　　⑥ 証券取引所
⑤ キャピタル・マーケッツ（資本市場分野）専門の弁護士　⑦ 財務局

①
発行会社　→株式→　②
**主幹事
証券会社**　→株式→　③
一般投資家

⑧ VCなどの既存株主（売出人）

① 発行会社	IPOで投資家に販売され，証券取引所に上場される株式を発行
② 主幹事証券会社	株式の引受けや投資家への勧誘を行い，株式を販売 あらゆる側面から発行会社をサポート
③ 一般投資家	IPOで販売される株式を購入
④ 監査法人	財務諸表の監査手続を担当，財務面をサポート
⑤ キャピタル・マーケッツ （資本市場分野）専門の弁護士	金商法上の開示規制・上場制度に精通，リーガルチェック
⑥ 証券取引所	上場審査を実施
⑦ 財務局	有価証券届出書を受理（事前相談あり）
⑧ VCなどの既存株主	IPOにおける出人として保有株を売却

Ⅴ．株式のオファリングとしてのIPO

　IPO は，上場に伴って行われる株式のオファリングです。IPO には，大きく
分けて，①発行会社が新規に発行する株式（または自己株式）を販売する「募
集」と，②既存株主が株式を売却する「売出し」の２種類があります。募集の
場合，投資家の株式購入資金が発行会社に支払われるため，発行会社による資
金調達が可能ですが，売出しの場合，かかる資金は既存株主に支払われるため，
発行会社に資金は入りません。

　日本の証券取引所に上場する場合，日本国内で募集・売出しによるオファリ
ングが完結する場合が多く，それらは「国内 IPO」と呼ばれます。他方，販売
される株式の総額が大きい場合や，海外の投資家にも積極的に株式を保有して
もらいたい場合等には，IPO に伴って国内および海外において同時並行でオフ
ァリングが行われることがあり，「グローバル IPO」と呼ばれます。なお，海
外で株式の販売を行う場合であっても，英文目論見書を作成しない「臨報方
式」と呼ばれるスキームも，最近では増加しています。

Ⅵ．上場およびIPOの主要プレーヤー

　IPO を経て自らの株式を上場するスタートアップなどの会社を一般に「発行
会社（発行体）」と呼びます。上場や IPO のスキームの検討や，それらの実施
に向けた準備作業は，発行会社を中心としつつ進められます。特に，株式を購
入する投資家に対して，今後の事業の見通しや成長戦略等を説明するためのエ
クイティ・ストーリーの策定や，上場後の会社体制の整備は，上場後のビジネ
スや社内体制の進むべき道を描く作業であるため重要性が高く，発行会社は，
上場および IPO におけるまさに主人公です。また，発行会社をあらゆる面で
サポートするとともに，投資家への株式の販売活動を取り仕切る主幹事証券会
社は，準主役級の重要な役割を果たします。

　さらに，開示規制や上場制度に精通したいわゆるキャピタル・マーケッツ分
野を専門とする弁護士や，上場時に必要な財務諸表の監査を行う監査法人が発
行会社をサポートし，上場および IPO のスキームの検討や，それらの実施に
向けた準備作業は進められます。

■注

1 　経済産業省「伊藤レポート2.0〜バイオメディカル産業版〜（バイオベンチャーと投資家の対話促進研究会報告書）」（2019年 7 月18日改訂版）（https://www.meti.go.jp/press/2019/07/20190718008/20190718008.html）が指摘するように，日本では，ベンチャーが新興市場に上場した後も時価総額が小さく，柔軟かつ機動的な資金調達が難しい場合があり得ます。日本では個人投資家比率が高く，市場がベンチャーの有する技術を正当に評価し得ていないという捉え方もあるようです。そこで，当初から，上場先として米国のNASDAQなどを希望するケースもありますが，海外の証券取引所への上場には，日本の証券取引所への上場に比べて何倍もの手間・時間・費用がかかり得るというハードルがありますので，監査法人や弁護士その他の専門家への相談が重要です。見解は分かれますが，実務的には，一度，日本の証券取引所へ上場した後に，海外の証券取引所への上場を狙う方法のほうが現実的という見方もあります。いずれにせよ，日本市場における，スタートアップと国内外の機関投資家との対話の促進などが不可欠といえます。

2 　Google Inc.（2004年）やFacebook, Inc.（2012年）のケースが複数議決権種類株式を用いた上場の代表例とされています。

Scene 15　上場に向けての準備を進める

　3人は，上場の最終関門である**証券取引所による上場審査**に向けて，公認会計士（監査法人）による財務諸表監査への対応，**主幹事証券会社による引受審査**，弁護士によるデュー・ディリジェンス，**目論見書やロードショー・マテリアル**の作成などの準備対応に追われ，忙しさはピークに達していた。そのような中でも，3人は，**目論見書やロードショー・マテリアル**に記載する**エクイティ・ストーリー**の検討を通じて，IPOにおいてAMTが投資家に訴求すべき事項は何か，AMTの成長性をどのように考え，また，どのように投資家に伝えるかについて，創業当初のように熱い議論を戦わせた。

　上場してさらに会社の事業が拡大すれば，きわめて多様で多くの人々がAMTの株式を保有する道が開けることになるだけでなく，株主以外の**ステークホルダー（利害関係人）**も増える。経営者としては，**法定・適時開示**やIRを通じて株主などの**ステークホルダーとの対話**が不可欠になる。3人は，AMTの将来の方向性についても，連日，議論を深めていった。

Point

- 株式を上場するためには，主幹事証券会社による引受審査を経て，証券取引所による上場審査に合格し，証券取引所から上場承認を得る必要があります。
- 上場の準備としては，主幹事証券会社のサポートのもとで，社内体制整備や各種書類作成等，エクイティ・ストーリーの策定等を行います。

図表15–1　上場準備の作業イメージと心構え

- 上場準備の作業イメージ

> ① 上場会社にふさわしい経営の仕組みの構築

事業計画，資本政策，経営管理体制，内部監査体制，適時開示体制，会計処理，情報管理体制など

> ② 先を見通した計画的な準備

直前２会計年度に関する公認会計士（監査法人）の監査，上場申請から上場承認までのスケジュールなど

> ③ 膨大な書類作成・資料収集

上場審査に向けた各種申請書類の作成・資料収集，開示書類の作成や契約書の作成・締結など

①〜③の作業イメージをふまえ 適切にハードワークができる 上場準備チームの組成が不可欠

【心構え】
1. 上場に向けた社内の意思統一が前提
2. スケジュール管理がポイント
3. 長期にわたる膨大な作業を覚悟

上場

図表15－2　上場準備のスケジュール

- 上場準備の作業着手から上場まで，一般に２〜３年程度が必要

	申請直前々期	申請直前期	申請期
ショートレビュー（注）	公認会計士監査1期目	公認会計士監査2期目	

上場に向けた内部管理体制等の構築

内部管理体制等の運用・改善

新規上場申請のための有価証券報告書 その他の各種申請書類の作成

有価証券届出書／目論見書等の作成

主幹事証券会社の引受審査　→　上場申請　→　証券取引所の上場審査　→　上場承認　→　オファリング手続　→　上場

（注）・公認会計士（監査法人）が，上場のための課題を洗い出して報告する調査
　　　・具体的な上場準備に入る前に実施することによって，**上場準備のTO DOや見通し**を把握

Ⅰ．上場準備の作業イメージ

　株式を上場するためには，上場審査を経て，証券取引所の上場承認を得る必要があります。上場を希望する会社（上場準備会社）は，上場審査基準に合致するように社内体制を整えたうえで，証券取引所の定める手続やスケジュールに従って，上場準備作業を行います[1]。なお，東京証券取引所は，2022年4月4日付で，現行の5つの市場区分（旧市場区分）を，プライム市場，スタンダード市場およびグロース市場の3つの市場区分（新市場区分）に見直し（**図表15－4**），上場審査基準も，新市場区分に従って定められます[2]。

　上場準備には，通常，かなりのハードワークが要求されます。まず，①上場準備会社は，上場審査基準に合致するように，資本政策の策定・実施，内部管理体制等の整備・運用等を行い，上場会社にふさわしい仕組みを構築する必要があります。②上場までになすべき作業は多岐にわたり，特に，上場審査は取引所の定める手続やスケジュールに従うため，取引所と調整して準備にあたる必要があります。③上場準備チームは，上場審査などに向けて，膨大な書類を作成し，資料を収集します。上場準備にあたっては，社内の意思を統一し，スケジュールを適切に管理し，膨大な作業を覚悟する必要があるのです[3]。

　なお，スタートアップの場合には，上場準備に先立ち，場合によりベンチャー・キャピタル（VC）のサポートなどを得ながら，証券会社や公認会計士（監査法人）の選定，財務や会計に通じたCFO（Chief Financial Officer：最高財務責任者）の選任などを行います。

Ⅱ．上場準備のスケジュール

　社内体制の整備状況によって異なりますが，上場準備に着手してから上場に至るまでには相当の期間を要します。特に，上場申請期の直前（2期間2会計年度）は，公認会計士（監査法人）による監査を受ける必要があることから，一般的には2〜3年程度かかるとされます（**図表15－2**）。

　なお，上場申請には，主幹事証券会社[4]の上場適格性調査に関する報告書が必要なので，上場準備の過程では，主幹事証券会社の引受審査部門による引受審査が行われます[5]。引受審査の内容や手続は，証券取引所による上場審査と似ているため，上場審査の事前準備と位置付けることもできます。

図表15-3 主幹事証券会社による引受審査

主幹事証券会社による引受審査

- 上場申請には，主幹事証券会社の上場適格性調査に関する報告書が必要
- **主幹事証券会社の引受審査部門による引受審査**は，上場審査の**事前準備的位置付け**

引受審査項目

公開適格性	経営の健全・独立性	事業継続体制	コーポレート・ガバナンスおよび内部管理体制の状況
財政状態および経営成績	業績の見通し	調達する資金の使途	企業内容等の適正な開示	その他証券会社が必要と認める事項等

基礎資料の準備と提出

引受審査においては以下のような膨大な基礎資料の提出を求められる

登記簿	計算書類・事業報告	税務申告書	定款・社内規則等	株主名簿
組織図	株主総会・取締役会議事録	内部監査資料	年次予算	中期経営計画

➤ 証券取引所への上場申請時に必要な資料とほぼ同じ

図表15-4 市場構造改革後の市場区分と上場審査基準

■ 各市場のコンセプトに応じた上場審査基準

各市場区分のコンセプトに応じた，定量的・定性的な基準を設定（図表15-5，15-6）（注）

市場区分	想定される企業のタイプ	主な新規上場基準 （形式要件（いずれも上場時見込み））
プライム	・多くの機関投資家の投資対象たり得る規模の時価総額（流動性） ・より高いガバナンス水準を備え，投資家との建設的な対話を中心に据えて持続的な成長と中長期的な企業価値の向上にコミット	・株主数800人以上，流通株式数20000単位以上 ・流通株式時価総額100億円以上 ・時価総額250億円以上，連結純資産の額が50億円以上 ・流通株式比率35%以上
スタンダード	・公開市場における投資対象として一定の時価総額（流動性） ・上場企業としての基本的なガバナンス水準を備え，持続的な成長と中長期的な企業価値の向上にコミット	・株主数400人以上，流通株式数2000単位以上 ・流通株式時価総額10億円以上 ・流通株式比率25%以上 ・連結純資産の額が正
グロース	・高い成長可能性を実現するための事業計画と進捗につき適時，適切な開示が行われ，一定の市場評価が得られること ・事業実績の観点から相対的にリスク高	・株主数150人以上，流通株式数1000単位以上 ・流通株式時価総額5億円以上 ・流通株式比率25%以上

（注）各市場区分の新規上場基準と上場維持基準は，原則として共通化。上場会社は，**上場後も継続して，新規上場基準（の水準）を維持**することが必要。市場区分間の移行に関する緩和された基準は設けない。

III．上場申請時に提出する書類

　上場を申請する会社は，上場申請の際，登記事項証明書，決算報告書，法人税申告書，定款，諸規則集，株主総会・取締役会議事録，内部監査資料，年度予算計画書・中期経営計画書などを証券取引所に提出します[6]。

　提出書類のうち最も重要なのは，新規上場申請のための有価証券報告書（Ⅰの部）および新規上場申請者に係る各種説明資料です[7]。Ⅰの部は，株式などの有価証券の募集や売出しをする際に当局に提出する有価証券届出書の様式に準じて作成します。Ⅰの部の記載は有価証券届出書に基本的に引き継がれ，また，これを基礎として上場後の継続開示書類である有価証券報告書が作成されるため，Ⅰの部は，将来の継続開示における記載内容にも影響するといえます。

IV．証券取引所による上場審査

　証券取引所による上場審査[8]は，申請会社（上場準備会社）が提出した申請書類の記載内容について，証券取引所の有価証券上場規程等に定められた審査項目ごとに，上場審査基準に適合するか否かを判断するという流れで行われます。

　申請会社は，証券取引所の質問に対して，ヒアリングや書類を提出して回答します。証券取引所の審査実施者が申請会社の本社，工場，店舗，研究所などに赴いて実地調査をすることもあります。また，主幹事証券会社や監査法人へのヒアリングのほか，社長や監査役との面談，社長による説明会なども行われます。社長との面談においては，上場会社となった際の投資者（株主）への対応や，コーポレート・ガバナンスやコンプライアンスに対する方針・現状の体制などについて確認されるのが一般的です。また，監査役との面談では，監査の状況や申請会社の抱える課題について確認されます。社長説明会においては，社長から会社の特徴，経営方針，事業計画などを説明し，質疑応答がなされ，上場可否の最終的な判断に進めるか否かの検討が行われます。

　なお，2021年6月のCGコード改訂を受けて，今後は，上場審査においても，中核人材の多様性（ダイバーシティ）やサステナビリティをめぐる課題への取組み，知的財産への投資などが問われることになると思われます（**図表13-2**）。

図表15-5　グロース市場の上場基準

項目	概要
事業計画	次の要件のいずれにも該当していること • 事業計画が合理的に策定されていること • 高い成長可能性を有しているとの判断根拠に関する主幹事証券会社の見解が提出されていること • 事業計画および成長可能性に関する事項（ビジネスモデル，市場規模，競争力の源泉，事業上のリスク等）が適切に開示され，上場後も継続的に進捗状況が開示される見込みがあること
流動性	<table><tr><td>項目</td><td>新規上場基準</td></tr><tr><td>株主数</td><td>150人以上</td></tr><tr><td>流通株式数</td><td>1000単位以上</td></tr><tr><td>流通株式時価総額</td><td>5億円以上</td></tr></table>
ガバナンス	上場会社として最低限の公開性を求める（海外主要取引所と同程度の基準を採用） <table><tr><td>項目</td><td>新規上場基準</td></tr><tr><td>流通株式比率</td><td>25%以上</td></tr></table>

出所：日本取引所グループWebサイト「市場区分見直しの概要」から一部抜粋して編集
https://www.jpx.co.jp/equities/market-restructure/market-segments/index.html

図表15-6　スタンダード市場の上場基準

項目	概要
流動性	<table><tr><td>項目</td><td>新規上場基準</td></tr><tr><td>株主数</td><td>400人以上</td></tr><tr><td>流通株式数</td><td>2000単位以上</td></tr><tr><td>流通株式時価総額</td><td>10億円以上</td></tr></table>
ガバナンス	上場会社として最低限の公開性を求める（海外主要取引所と同程度の基準を採用） <table><tr><td>項目</td><td>新規上場基準</td></tr><tr><td>流通株式比率</td><td>25%以上</td></tr></table>
経営成績財政状態	<table><tr><td>項目</td><td>新規上場基準</td></tr><tr><td>収益基盤</td><td>最近1年間の利益が1億円以上</td></tr><tr><td>財政状態</td><td>純資産額が正であること</td></tr></table>

出所：日本取引所グループWebサイト「市場区分見直しの概要」から一部抜粋して編集
https://www.jpx.co.jp/equities/market-restructure/market-segments/index.html

Ⅴ. 証券取引所の上場審査基準① 形式要件

　上場審査の受付基準として，申請会社の定量的な側面を確認するための形式
要件が定められています。形式要件は上場を申請する市場によって異なります
が，新市場区分における主に新興企業向けの株式市場であるグロース市場では，
特に今後の高い成長可能性が重視され，形式要件が緩和されています（**図表
15−5**）。なお，スタートアップでは，通常，株式を譲渡する場合には事前に
会社の承認を必要とする譲渡制限（会社法2条17号）が定められていますが，
グロース市場の形式要件として，新規上場申請に係る株式の譲渡につき，上場
時までに制限を行わないこととなる見込みのあることが必要ですので，上場時
までに定款を変更（同法466条）して制限を撤廃する必要があります。

Ⅵ. 証券取引所の上場審査基準② 実質審査基準

　実際の上場審査は，実質審査基準に適合しているか否かの判断が中心となり
ます。実質審査基準は，上場会社として必要とされる5つの適格要件（グロー
ス市場の場合，①企業内容やリスク情報等の開示の適切性，②企業経営の健全性，
③企業のコーポレート・ガバナンスおよび内部管理体制の有効性，④事業計画の合
理性，⑤その他公益または投資者保護の観点から取引所が必要と認める事項）で構
成されています。また，それぞれの適格要件に適合しているか否かを判断する
具体的な観点は，審査項目ごとに「上場審査等に関するガイドライン[9]」に記
載されています。上場審査においては，列挙されている審査項目ごとに，「上
場審査等に関するガイドライン」に従って，その適合状況が確認されます。

　形式要件と同様に実質審査基準は，上場を申請する株式市場によって異なり，
新興企業向け株式市場であるグロース市場においては，スタンダード市場およ
びプライム市場に比べて，比較的緩やかな基準を定めつつ，今後の高い成長可
能性を確認する観点が含まれています。

　なお，新規上場後も，会社の成長や発展に応じて，上場市場を変更できます
が，異なる市場区分への移行を希望する場合には，移行先の市場区分への変更
を申請し，新規上場基準と同等の基準による審査を受けるものとされています。

図表15-7　上場に伴うIPO

オファリング（募集または売出し）に主に必要な書類

- 上場に伴って**オファリング**を行う場合には，金融商品取引法や証券取引所の規則に基づき，さまざまな書類の作成と当局への提出が必要
- 作成される書類はオファリングのストラクチャーによって異なるが，主に以下のとおり

オファリング時に作成する主な書類	有価証券届出書／臨時報告書	目論見書／英文目論見書	リーフレット	ロードショー・マテリアル	プレスリリース
書類の目的・内容	オファリングの概要や会社概要，経営状況等を記載して当局に提出する法定の書類	投資家（※1）にオファリングの概要等を説明して勧誘を行うための書類 （※1）英文目論見書の場合は海外の投資家	投資家に対してオファリングの概要等を説明する両面一枚程度の資料	投資家（※2）にオファリングの概要や会社概要等を説明するロードショーで用いるスライド形式の資料 （※2）主に機関投資家	上場に伴う募集または売出しに関するものや，業績予想等に関する公表資料

図表15-8　上場に伴うIPO（続）

エクイティ・ストーリーの作成

市場や投資家に対して，**資金使途や事業・成長戦略等を伝える**対外的な説明

- ✓ 投資家はエクイティ・ストーリーを前提に，将来の利益や株価の動向を予測して投資判断を行うため，投資判断に与える影響は大きく重要
- ✓ その後のIRにおいても重要
- ✓ 新規株式公開時（IPO時）の目論見書の冒頭10頁程度のカラーページ（口絵）に，エクイティ・ストーリーの抜粋を記載することも多い
- ✓ 投資判断への影響大ゆえ，目論見書の虚偽記載等に該当しないように要注意

証券会社による引受けと引受契約

- 上場に伴うIPOのために，上場準備会社は，**引受証券会社（主幹事証券会社を含む）と引受契約**を締結
- グローバル・オファリングでは，海外証券会社と**海外引受契約（International Purchase Agreement）**を締結

Ⅶ. 上場に伴うIPO

⑴ 新規上場とIPO

　実務上は，新規上場に際して株式のオファリング（募集または売出し）を行う場合がほとんどです。この株式の証券取引所への上場に伴って，幅広い投資家を対象として行われるオファリングをIPO（Initial Public Offering）といいます（図表14－5参照）。IPOを行うためには，ブック・ビルディング（投資家の需要状況の調査）または競争入札の手続を行って，IPOにおける株式の価格（公開価格）を決定します。

⑵ 必要書類等

　IPOにおいて有価証券の勧誘を開始するには有価証券届出書等の提出が必要です。また，主幹事証券会社が個々の投資家に対して有価証券の勧誘行為を行うには，投資家に対する目論見書[10]の配布が必要です。上場承認により，証券取引所の有価証券上場規程等に基づく適時開示も必要となります。

　また，144AオファリングやRegulation Sオファリング等の海外オファリングにおいては，現地法令上必須でなくとも，米国で公募を行う場合に準ずる形で英文目論見書を作成することが実務上一般的です。

　なお，株式の募集または売出しなどのエクイティ・オファリングにおいては，市場や投資家に対して，事業計画や調達資金の使途のほか，経営理念，経営方針，中期経営計画，事業戦略・アクションプランなど成長戦略にかかわる施策について，投資家に合理的で説得力のある形で説明する必要があります。これをエクイティ・ストーリーといい，IPO時の目論見書や英文目論見書などの勧誘資料にエクイティ・ストーリーに関する記載がなされます。

⑶ 証券会社による引受け

　新規上場に際して株式のオファリングを行う場合，主幹事証券会社を含む引受証券会社は，上場準備会社との間で株式引受契約を締結して株式を買い取り，投資家に勧誘・販売を行います。予定された株式数に売れ残りが生じた場合には，証券会社がリスクを負います。海外の場合も，基本的な仕組みは同じです。

■注

1　ここでは，日本の証券取引所，特に東京証券取引所に株式を上場する場合を念頭に置いて説明しています。

2　2022年１月11日，東京証券取引所は，同日時点の上場企業に関して，「上場会社による新市場区分の選択結果」を発表しました。

　　https://www.jpx.co.jp/equities/market-restructure/results/index.html

3　上場準備にあたっては，実務上，東京証券取引所が発行している「新規上場ガイドブック」や「会社情報適時開示ガイドブック」が非常に有益です。

4　上場の際には，上場を希望する会社の株式を証券会社がいったん買い取り（株式の引受け），これを投資家に販売します。上場にあたってこの段取りを実施する証券会社が複数ある場合において，中心的な役割を果たすのが，主幹事証券会社です。

5　証券会社としては，株式を引き受け，株式市場で売買しても問題ないことを確認する目的で，引受審査を実施します。

6　申請時に提出する資料の詳細は，東京証券取引所『新規上場ガイドブック』に記載があります。このガイドブックは，上場準備の際に必読です。なお，本文記載の各書類は，現行のマザーズへの上場にあたって必要となる提出書類を記載していますが，新市場区分におけるグロース市場においても，同様の書類提出が必要となる予定です。

7　新規上場申請のための四半期報告書が必要となる場合もあります。

8　実際の審査は，東京証券取引所から委託を受けた日本取引所自主規制法人が行います。

9　東京証券取引所「上場審査等に関するガイドライン」

　　http://jpx-gr.info/rule/tosho_regu_201305070042001.html

10　法令上の要請ではありませんが，投資家に対する株式の勧誘・販売に際して，その概要を記載したきわめて簡潔なリーフレットや機関投資家向けに概要を説明したロードショー・マテリアルと呼ばれるプレゼンテーション資料を作成することがあります。

シニフィアン株式会社　共同代表

朝倉　祐介

聞き手：弁護士　清水　亘

●本日は，お時間をくださり，ありがとうございます。朝倉様のご講
演を伺って以来，ぜひ一度，お話をさせていただきたいと思ってお
りました。早速ですが，まず，貴社の思いと事業内容について教え
てください。

　ありがとうございます。弊社は，大上段の Purpose（目的）として，
「未来世代に引き継ぐ産業創出のために」を掲げ，スタートアップの
支援を通じた産業振興を目指しています。　具体的な事業としては，
(1)ファンドの運営（THE FUND），(2)経営アドバイザリー，(3)上場株
式への投資を行っています。大部分は，(1)ファンドの運営です。(2)ア
ドバイザリーは，戦略等について，経営者の相談にのったりしていま
す。

●新しい産業創出を目指すとお考えになったきっかけは何でしょうか。

　スタンフォードの客員研究員をしていたとき，より客観的にスター
トアップを取り巻く環境を観察したことで，課題意識をもつようにな
りました。日本のスタートアップ向けの年間投資額は，2010年ころ
に700億円前後であったのに対して，ここ1，2年は5千億円程度ま
でになっており，より多くの資金が供給されるようになっています。

　ただ，日本のスタートアップの多くは，上場時をピークに
Momentum（勢い）を失いがちです。上場は，あくまで資金調達の
機会であってゴールではないのですが，ともすれば，上場がゴールと
みなされ，スタートアップを通じた産業創出という本質的部分が見失
われがちになっている。そこで，スタートアップが上場後の持続成長
を企図する上で陥りがちな躓きを取り払い，新産業創出に向けて貢献
したい，という思いでシニフィアンを設立しました。

●貴社が考えるスタートアップとは，何でしょうか。

　抽象的ですが，我々は，スタートアップを，さまざまな社会課題を解決する事業を構築することによって，新たな産業を作り出す原動力であると考えています。スタートアップの強みは，持たざる者であるからこそ，フットワークが軽いことだと思っています。「スタートアップ」と聞くと未上場の成長企業を想起しがちですが，上場／非上場という形式は，必ずしも関係ありません。

●上場後に資金繰りが悪化する会社もあるということなのでしょうか。

　上場後のスタートアップで，資金が足りなくなるということは多くないと思います。一方で，上場を機に短期的な目線の株主が増加すると，思い切った投資がしづらくなりがちです。時価総額の規模といった観点から，機関投資家の投資対象にならず，目先の業績推移しか注目されないようなスタートアップの状況を私は，「第2の死の谷」と呼んでいますが，上場後，そうした状況に陥る会社は少なくありません。そこで，我々は，レイターステージのスタートアップへの投資とエンゲージメント（かかわり）を通じて，上場後の持続的成長を実現するためのサポートを行っていきたいと考えています。

　日本には，世界で最も上場しやすい株式市場であるマザーズがありますが，結果として小さい規模で上場する会社が多い状況です。マザーズ上場時の公募ベースでの時価総額は2018年の平均で50億円程度ですが，世界的に見れば，大きくありません。このサイズですと，長く株式を保有するような機関投資家は入りづらく，短期間で株式を売買する投機目線での投資対象になりやすい。そうなると，経営者は，株価や業績の維持・上昇，というプレッシャーに苛まれ，結果的に，成長投資が行えない状況に陥ってしまいます。

　時価総額が5百億円を超え，さらに1千億円程度にまで成長すると，海外の有力な投資家なども入ってきやすくなりますし，より長期目線での成長投資がしやすくなるはずです。

● THE FUNDがマイノリティ（Minority）出資にとどめるのは，な
　ぜですか。

　成長を目指すスタートアップにおいて，最も重要なのは経営者です。
バイアウトファンドのように，マジョリティを取って経営をコントロ
ールして成功するものとは思いませんし，すべきではないと考えてい
ます。

　マジョリティを取得して経営をコントロールしなければならないよ
うな会社や，マジョリティ取得を求めるようなスタートアップは，そ
もそも投資対象として不適格だと捉えています。

● どのようなところを見て，投資対象をお決めになるのですか。

　重要な順に，①経営チーム，②事業の本質的価値，③上場の蓋然性
（上場企業候補としての耐性），④財務体質，⑤投資条件という5つを見
ています。一般的なベンチャー・キャピタル（VC）の投資基準と大
きくは変わりません。我々の特色としては，レイターステージのスタ
ートアップに集中投資するので，③上場の蓋然性を重視するという点
です。また，④財務体質は，アーリーステージの会社ではあまり問題
になりませんが，我々が投資するレイターステージの会社では，資金
繰りの健全性などの問題にも注意を払わなくてはなりません。

　ただ，最も重視しているのは①経営チームです。我々は，トップマ
ネジメントやチームを最重視しますが，こうした観点は，実はシード
ステージのVCと変わらないのかもしれません。

● 経営者の人柄などは，何度か面談をして確認なさるのでしょうか。

　我々は，シードステージのVCのように数回の面談で投資の意思決
定はしません。一方でPEファンドほど重厚なデュー・ディリジェン
ス（DD）をするわけでもありません。我々のDDは，両者の中間く
らいです。何度も面談して，経営者の考えや人柄を確認します。DD
という体裁で議論しますが，話す内容自体は投資後のエンゲージメン
トと変わりません。投資前後を一貫して，対話が重要だと考えていま

すし，投資の有無にかかわらず，DDにおける経営ディスカッション
が役に立ったと言ってくださる経営者もいます。とはいえ，経営者を
見極めるのは難しいです。何度も会えば確度は高まりますし，経験を
積んでこちらの見立て力も高まっていますが，難しいことには変わり
がありません。

●**貴社は，どのようなタイミングでエグジットを考えるのでしょうか。**
　ケースバイケースです。我々は，有期のファンドですので期限があ
り，どこかのタイミングでエグジットするという点は一般的なVCと
変わりません。我々としては，長期のお付き合いを前提に投資してい
ますが，会社にとっては流動性を増すほうが望ましいので，早いタイ
ミングで株式を売却してほしい，と会社の側から既存投資家に要望さ
れることもあります。また，我々は，レイターステージに投資を行い
ますので，投資から上場までが早く，結果として投資期間が短くなる
こともあります。結局のところ，エグジットは，ファンド運用におけ
る経済合理性という観点と，スタートアップ側の要望やスタートアッ
プの成長にとって必要な資本政策といった観点を総合的に勘案して最
善の方法を探っていきます。

●**ハンズオンなしに右往左往しているスタートアップも多いと感じて
　います。ハンズオンはどのくらいなさるのですか。**
　ハンズオンという言い方はしませんが，しっかりエンゲージメント
はします。専門性の高いオペレーションについては，しかるべき専門
家（たとえば，マーケティング，技術のエキスパート，会計士や弁護士な
ど）を紹介しますが，戦略面については，我々がしっかりエンゲージ
メントします。集中投資をベースとする投資方針ですので，一般的な
VCと比べて投資社数が多くないこともあり，時間的に1社1社に時
間をかけやすい状況にあります。
　ただ，エンゲージメントを通じて我々から提案をすることもありま
すが，あくまで判断するのは経営者です。経営者の意思決定をコント

ロールすることはできませんし，しようとしてはならないと考えています。この点，無条件にハンズオンを良しとする見方は必ずしも正しくありませんし，おこがましいと思っています。

●日本のスタートアップを取り巻く環境をどのように見ていますか。

　3つのボトルネックがあると考えています。①1つ目は，入口の問題で，起業家とスタートアップの総量が足りません。他の2つは，出口の問題で，②M&Aが少ないことと，③上場した後に突き抜ける会社がきわめて少ないことです。我々は，特に3つ目の課題に取り組んでいます。

　入口と出口は循環する関係にあります。出口の成功事例が増えてくれば，入口で新たに挑戦しようとする起業家の数も増えてくるはずです。同時に，起業を促し入口の総量が増えれば，M&Aの数や，IPO後に突き抜けて成長する会社の数も増えてくるはずです。①②③のすべての解消が大切で，全部やらなければなりません。

　我々は，レイターステージに対する投資の先鞭をつけたと自負していますが，最近は，我々のフォロワーのようなファンドが増えました。この点で，③の課題感は徐々に解消に向かいつつあります。

　ただ，レイターステージへの資金供給が進んでも，②M&Aの数が増えていないという問題は解決していません。アメリカでは，スタートアップのエグジットの9割がM&Aです。他方，日本では，M&Aができず，リビングデッド状態になっている会社が多数存在します。

　また，最も深刻なのは，①の起業家とスタートアップの総量だと思います。この点，私は「志の低い起業」を促すことがポイントになると捉えています。

　「スタートアップ」と聞くと，「未来のソニーやホンダをつくる」といった志の高い遠大な試みを想像しがちです。例えるなら，草野球も経験したことがない人にメジャーリーガーになることを求めるようなものです。この点，社会としてメジャーリーガーの増加を促すことは重要ですが，そのためにも，まずは草野球選手を増やしていくべきで

はないかと思います。たとえば，早期に会社を売却してお金儲けをしたいといった，いわば「志の低い起業」を促すべきなのではないでしょうか。「志の低い起業」であったとしても，実際に経験することで起業家としての知見は高まります。そうした人材が二度目のチャレンジで，今度は「志の高い起業」を企図することもあるでしょう。とにかく起業のハードルを下げることでスタートアップ・起業家の総量を増やし，量を質に転換していく，といったアプローチが必要だと考えています。

● **貴社の新たなチャレンジの計画などがあれば，教えてください。**

　会社として具体的な計画はありません。　ただ，私個人として，先述した「起業家を増やす」というテーマに即して，漠然と考えていることはあります。まず，教育の問題です。2022年には，高校の家庭科で投資信託に関する授業が導入される予定です。資産運用について学ぶ機会ができたのは歓迎すべきことですが，一方で運用する元となる資金を稼ぐビジネスについて学ぶ機会はありません。起業というのは，ビジネスの最もプリミティブな形式であり，ビジネスの本質を掴むうえで格好の学習対象です。たとえば中学生や高校生が，ビジネスの根幹である起業を学ぶ機会を創出できないものかと思っています。

　加えて，起業に関心はあるけれども，今ひとつ一歩を踏み出せないという層の背中を押すような施策も考えられないものかと思っています。起業に興味があるけれども踏み出せない人たちにとって，何がネックになっているのかを考えると，①事業アイデアがない，②生活が心配，③ビジネスのアイデアを思いついたけれど検証できない，といったあたりではないかと思います。そうであるならば，たとえば，①事業アイデアを準備して提供する，②生活保障として年収600万円を2年間は支払う，③α版をつくる程度の開発リソースを揃えて提供するといったお膳立てまで踏み込んでできないものでしょうか。ここまでお膳立てをすれば，実際に一歩を踏み出す人も増えてくるのではないでしょうか。経験に勝る学びはありませんから，まず一歩を踏み出

すことで，スタートアップ経営者としての素養を身に着けて成長する
人も増えてくるのではないかと考えています。

●自分たちでビジネスを考える部活（ビジネス部）のある学校が話題
になったりしていますが，それにとどまらず，実際に起業を経験す
るのが一番ですね。お忙しいところ，誠にありがとうございました。

(2021年 5 月20日（木）11時30分～12時20分)

■図表中で参照される条文一覧

【Scene 1】会社を設立する
1－1　会社法440条，445条1項・2項，590条2項，591条1項
1－2　会社法139条1項，183条2項，140条1項，265条1項，274条2項，295条1項・2項，348条，356条1項
1－3　会社法25条1項1号・2号
1－5　会社法28条1項，33条
1－6　会社法330条，民法651条2項

【Scene 2】人材を確保する
2－1　労働基準法15条1項，同法施行規則5条
2－2　出入国管理及び難民認定法19条1項，19条の2第2項，別表第1の2
2－3　労働基準法89条，90条，106条1項
　　　労働契約法8条，10条
2－4　特許法35条
2－5　労働安全衛生法66条の8の3
　　　労働基準法36条
2－6　労働基準法37条1項・4項，38条の3，38条の4，41条2号，41条の2
　　　労働基準法第37条第1項の時間外及び休日の割増賃金に係る率の最低限度を定める政令（平成6年1月4日政令第5号）
2－7　短時間労働者及び有期雇用労働者の雇用管理の改善等に関する法律8条，9条
2－8　労働契約法16条
2－9　労働契約法18条，19条
2－10　民法623条，632条，643条

【Scene 4】ストック・オプションを制度設計する
4－1　会社法2条21号
4－2　租税特別措置法29条の2
　　　租税特別措置法施行令19条の3
4－3　会社法238条1項・2項
　　　中小企業等経営強化法13条
4－6　会社法238条1項，239条，242条，243条，244条，246条，249条，361条，387条
　　　金融商品取引法4条
　　　金融商品取引法施行令2条の12第2号
　　　企業内容等の開示に関する内閣府令2条2項3項
4－7　会社法238条3項，361条，387条
　　　労働基準法24条，89条1項10号

索　引

■編著者略歴

【執筆・編集】

清水　亘（しみず・わたる）

2005年弁護士登録。アンダーソン・毛利・友常法律事務所パートナー。
主な業務分野は，知的財産法。メーカーやスタートアップを幅広くお手伝いしている。

戸倉　圭太（とくら・けいた）

2005年弁護士登録。アンダーソン・毛利・友常法律事務所パートナー。
主な業務分野は，M&A，コーポレート。Idein株式会社社外監査役。IT・デジタル分野の案件を多く扱う。

【執筆】

廣岡　健司（ひろおか・けんじ）

2000年弁護士登録。アンダーソン・毛利・友常法律事務所パートナー。
主な業務分野は，国内や海外での企業買収，提携，事業再編，資金調達等の支援で，スタートアップ企業関係の法務も全般的に取り扱っている。

山口　大介（やまぐち・だいすけ）

2001年弁護士登録。アンダーソン・毛利・友常法律事務所パートナー。
主な業務分野は，国内・クロスボーダーM&A案件，ベンチャー投資案件，プロジェクトファイナンス，アジア新興国関連業務，サイバーセキュリティ関係を中心とする危機管理案件等。企業法務全般について幅広く取り扱っている。

粟田口　太郎（あわたぐち・たろう）

2002年弁護士登録。アンダーソン・毛利・友常法律事務所パートナー。
主な業務分野は，会社・金融・事業再生法務。スタートアップへの助言の機会も多い。

龍野　滋幹（たつの・しげき）

2002年弁護士登録。アンダーソン・毛利・友常法律事務所パートナー。
国内外のM&A，ジョイント・ベンチャー，投資案件やファンド組成・投資，AI・データ等の関連取引・規制アドバイスその他の企業法務全般を取り扱っている。

竹岡　真太郎（たけおか・しんたろう）

2004年弁護士登録。アンダーソン・毛利・友常法律事務所パートナー。
主な業務分野は，キャピタル・マーケッツ。大規模なグローバル・オファリングによるIPO
から，国内IPOまで，多様なIPO案件について経験が豊富。企業法務全般についても幅広
く取り扱っている。

髙橋　玄（たかはし・げん）

2007年弁護士登録。アンダーソン・毛利・友常法律事務所パートナー。
主な業務分野は，国内外のM&A，アジア新興国関連業務，スタートアップ投資等の各種コ
ーポレート業務。シンガポールオフィス駐在経験を基礎とし，特にクロスボーダーM&Aや
海外依頼者への助言の経験が豊富。

楽　楽（らく・らく）

2007年弁護士登録。アンダーソン・毛利・友常法律事務所パートナー。
主な業務分野は，M&A。外国依頼者のスタートアップ投資についても経験が豊富。

佐橋　雄介（さはし・ゆうすけ）

2008年弁護士登録。アンダーソン・毛利・友常法律事務所パートナー。
主な業務分野は，会社法，国内・クロスボーダーのM&A，ジョイント・ベンチャー，コー
ポレート業務。

金子　涼一（かねこ・りょういち）

2011年弁護士登録。アンダーソン・毛利・友常法律事務所パートナー。
主な業務分野は，M&A，独占禁止法・競争法。国内外の依頼者によるスタートアップ投資
や提携，スタートアップ企業へのアドバイスに豊富な経験があるほか，スタートアップに関
するセミナーも多数行う。

栗田　聡（くりた・さとし）

2011年弁護士登録。アンダーソン・毛利・友常法律事務所パートナー。
M&Aのほか，医薬品の製造販売権の承継やスタートアップ企業の資金調達の業務に力を入
れて取り組んでいる。

井上　譲（いのうえ・ゆずる）

2010年弁護士登録。アンダーソン・毛利・友常法律事務所元パートナー。
外資系証券会社においてキャピタル・マーケッツ案件のほかM&A等の投資銀行業務全般を
取り扱う。加えて，各種金融規制のほか，スタートアップ企業サポート，ライセンス取引，
知的財産権，テクノロジー，エンターテインメント，スポーツ法務を含む，企業法務の幅広
い分野において経験を有する。

下尾　裕（しもお・ゆたか）

2006年弁護士登録。アンダーソン・毛利・友常法律事務所スペシャル・カウンセル。
主な取扱分野は，税務，ウェルス・マネジメント，紛争処理，企業不祥事対応等。国内外の
企業および企業オーナーを依頼者とする資本政策等に関する案件の経験が豊富。

木本　真理子（きもと・まりこ）

2005年弁護士登録。アンダーソン・毛利・友常法律事務所アソシエイト。
主な業務分野は，国内外の労務・企業法務案件。ベトナムのハノイに長年駐在し，立法・教
育面から法整備支援に携わった経験を生かし，ベトナムを中心としたアジア新興国案件も取
り扱っている。

鷲見　彩奈（すみ・あやな）

2015年弁護士登録。アンダーソン・毛利・友常法律事務所アソシエイト。
主な業務分野は，知的財産法，訴訟・紛争等。

中野　宏祐（なかの・こうすけ）

2016年弁護士登録。アンダーソン・毛利・友常法律事務所アソシエイト。
主な業務分野は，労務，コーポレート，M&A等。

藤井　駿太郎（ふじい・しゅんたろう）

2016年弁護士登録。アンダーソン・毛利・友常法律事務所アソシエイト。
主な業務分野は，コーポレート等。

天野　里美（あまの・さとみ）

2017年弁護士登録。アンダーソン・毛利・友常法律事務所アソシエイト。
主な業務分野は，コーポレート，M&A等。

崎岡　優希 （さきおか・ゆうき）

2017年弁護士登録。アンダーソン・毛利・友常法律事務所アソシエイト。
主な業務分野は，訴訟・紛争，コーポレート等。

宮崎　太郎 （みやざき・たろう）

2017年弁護士登録。アンダーソン・毛利・友常法律事務所アソシエイト。
主な業務分野は，キャピタル・マーケッツ，コーポレート等。

小坂　惇 （こさか・じゅん）

2018年弁護士登録。アンダーソン・毛利・友常法律事務所アソシエイト。
主な業務分野は，M&A，独占禁止法・競争法等。

鳥居　奈那 （とりい・なな）

2018年弁護士登録。アンダーソン・毛利・友常法律事務所アソシエイト。
主な業務分野は，コーポレート，紛争解決等。

後藤　柾哉 （ごとう・まさや）

2019年弁護士登録。アンダーソン・毛利・友常法律事務所アソシエイト。
主な業務分野は，知的財産法，倒産・事業再生等。

西村　順一郎 （にしむら・じゅんいちろう）

2019年弁護士登録。アンダーソン・毛利・友常法律事務所アソシエイト。
主な業務分野は，知的財産法，キャピタル・マーケッツ，FinTech等。

【編集】

門永　真紀 （かどなが・まき）

2008年弁護士登録。アンダーソン・毛利・友常法律事務所パートナー兼CKO（チーフ・ナ
レッジ・オフィサー）。
ナレッジ・マネジメントを専門分野として，事務所内のナレッジ・マネジメントに取り組む
ほか，所外でのセミナー等も多く扱っている。

■編著者紹介

アンダーソン・毛利・友常法律事務所

日本における本格的国際法律事務所の草分け的存在からスタートして現在に至る，総合法律事務所である。ファイナンス，コーポレート・M&A，労働，知的財産，紛争解決，事業再生等のあらゆる法律分野に対応する専門家を揃える。国内では東京，大阪，名古屋に拠点を有し，海外では北京，上海，香港，シンガポール，ホーチミン，バンコク，ジャカルタ等のアジア諸国に拠点を有する。

＊「アンダーソン・毛利・友常法律事務所」は，アンダーソン・毛利・友常法律事務所外国法共同事業および弁護士法人アンダーソン・毛利・友常法律事務所を含むグループの総称として使用しております。

スタートアップ法務

2022年4月10日　第1版第1刷発行
2023年3月20日　第1版第4刷発行

編著者	アンダーソン・毛利・友常法律事務所
発行者	山　本　　　継
発行所	㈱中央経済社
発売元	㈱中央経済グループパブリッシング

〒101-0051　東京都千代田区神田神保町1-31-2
電話　03(3293)3371 (編集代表)
03(3293)3381 (営業代表)
https://www.chuokeizai.co.jp
印　刷／㈱堀内印刷所
製　本／㈲井上製本所

＊頁の「欠落」や「順序違い」などがありましたらお取り替えいたしますので発売元までご送付ください。(送料小社負担)

ISBN978-4-502-40961-5　C3032

テクノロジー法務

アンダーソン・毛利・友常法律事務所
テクノロジー＆インフォメーション・プラクティス・グループ
【編著】

テクノロジーとイノベーションをめぐる 13 のテーマについて，
最先端で活躍するテクノロジーの専門家のお話を，
弁護士によるインタビュー形式でわかりやすくお伝えします。

本書の構成

中央経済社